Klaus Kitzmüller

VATER LÜCKEN

Versuch einer späten Annäherung

[KICOM]

Impressum:
Herausgeber: © KICOM GmbH, Juli 2022
Kistlerhofstraße 70/88
81379 München
info@kicom.eu

Lektorat: Shirley Michaela Seul
Korrektorat: Bernhard Schnüriger
Titel und Seitenlayout: ki36, Sabine Krohberger

Zum Autor:
Dr. Klaus Kitzmüller, Kommunikations- und Politikwissenschaftler,
Werber, Manager und Sohn. Babyboomerjahrgang 1960,
Exilösterreicher in Bayern mit Zweitwohnsitz in der Steiermark.
Herstellung und Verlag: BoD – Books on Demand, Norderstedt
ISBN: 9783756210862

4

VORWORT

Zurückschauen, um voranzukommen. Formulieren, um zu verstehen. Schreiben, um (sich) zu befreien.
Das sind die Hauptgründe für dieses Buch.

Und das Bedürfnis, die Generation meines Vaters einmal eigenhändig und völlig subjektiv etwas ausführlicher zu beleuchten. Jene Generation von Männern, die mich genauso wie die Mehrheit meiner Freunde und Weggefährten maßgeblich geprägt hat. Die Generation zwischen den aktiven Kriegsteilnehmern und den berühmt-berüchtigten 68ern, die Jahrgänge zwischen Mitte der 20er- und Ende der 30er-Jahre des 20. Jahrhunderts. Also jene Generation, die die Kriegsjahre teilweise aktiv und in jedem Fall bewusst erlebt hat und die uns jetzt bald zur Gänze verlässt. Ich bin heute mehr denn je davon überzeugt, dass vieles, was ich an meinem Vater feststellen und erleben konnte, nicht nur einen persönlichen Charakterzug darstellte, sondern auch eine manifeste Lebenseinstellung einer ganzen Männer- und Vätergeneration.

Diese Erkenntnis hat mir dabei geholfen, keine Ressentiments, zum Beispiel wegen zu wenig väterlicher Beachtung oder erzieherischen Engagements, zu pflegen, gemäß meinem einleitenden „Vorsatz": Zurückschauen, um voranzukommen. Heute glaube ich, zumindest teilweise zu verstehen, warum mein Vater so war, wie er war, und... dass ich ihn gerade deshalb geliebt habe.

NACHTRAG ZUM VORWORT

Vier Jahre lag das Manuskript in einem Schrank meines Homeoffice. Ich konnte und wollte mich nicht mehr damit befassen, weil ich mich entschlossen hatte, es zu Lebzeiten meiner Mutter nicht in einen wie auch immer gearteten Umlauf zu bringen.

Vor wenigen Monaten ist meine Mutter im einundneunzigsten Lebensjahr verstorben.

Kurz darauf hatte ich das Manuskript wieder in der Hand. Beim Lesen und Redigieren stellte ich doch etwas überrascht fest, welch (zu) tragende Rolle meine Mutter in diesem Vaterbuch spielt.

So begann ich, zumindest teilweise, noch einmal von vorne. Und das ist dabei herausgekommen:

VATERLÜCKEN

Mein Vater ist tot. Er starb am 6. Dezember 2015 um 04.30 Uhr. Um 14.30 Uhr war ich bei ihm. Nein, um 14.30 Uhr habe ich einen ebenso intensiven wie leeren Blick auf das geworfen, was man wohl gemeinhin als „sterbliche Überreste" bezeichnet. Auf eine Hülle, die einmal mein Vater gewesen zu sein schien.

War ich zu spät gekommen, obwohl ich ohne allzu große Mühen hätte „rechtzeitig" da sein können? Oder war er, ganz und gar absichtlich, „zu früh" gegangen? Früh genug jedenfalls, um weder Tochter noch Sohn in einer Verfassung zu begegnen, die er deklariertermaßen als unzumutbar empfunden hätte. Nun ja, wie das bei Toten so ist, wird es sich wohl kaum mehr klären lassen.

Was mir hingegen völlig klar war, und zwar in der Sekunde, in der ich das Wohnzimmer mit der Hülle meines Vaters betrat, war die Tatsache, dass ich etwas Substanzielles nicht geschafft hatte. Etwas, von dem ich gedacht hatte, es zumindest ansatzweise erreicht zu haben. Nun stellte ich fest: Ich war nicht frei. Nicht frei von Skrupeln und unausgedrückter Dankbarkeit. Nicht frei von Selbstmitleid, gedämpfter Wut – und Ratlosigkeit.

Weg ist weg. Vater ist Vater. Und Lücken sind Lücken. Meine Vaterlücken sind groß.

Ich habe mir, spätestens seit man mich halbwegs getrost zur Gemeinschaft der sogenannten Erwachsenen zählen konnte, stets einiges auf diese gepflegte, freundschaftlich angehauchte Distanz eingebildet, mit der wir beide zumeist miteinander umgingen. Ich habe sie vermutlich als maximalen Ausdruck seiner Zuneigung einerseits und meines Respekts vor seiner Geschichte und Herkunft andererseits interpretiert. Eine Art „silent agreement". Nein, es war unsere sehr persönliche Art eines Generationenvertrags, der vor allem darin bestand, den anderen möglichst wenig zu belästigen, zu belangen, zu berühren. Und damit auch keine unbotmäßigen Fragen zu stellen, nicht allzu tief in irgendwelche Emotionen einzutauchen, sich in uferlose Diskussionen über Gefühle, Werte und ähnliche Untiefen zu begeben.

Erst in den letzten Wochen vor dem Tod meines Vaters habe ich halbwegs ernsthaft versucht, dieses Agreement ein wenig außer Kraft zu setzen. Was mir weitestgehend misslang.

Wobei ich einen ähnlich ambitionierten Versuch, diesen Generationenvertrag zumindest temporär neu zu interpretieren, bereits fünfzehn Jahre zuvor gestartet hatte.

Mein Vater war in diesem Jahr siebzig geworden. Ich verzeichnete gerade eine Phase wirtschaftlichen Erfolgs und fühlte mich wohl deshalb und aus einigen anderen Gründen gewappnet und motiviert, meinen Vater einmal halbwegs generös einzuladen. In diesem Fall zu einer Vater-Sohn-Reise nach Portugal. Zum einen, weil uns damals mit dem Golfsport noch ein gemeinsames Hobby verband, das sich im portugiesischen Frühling besonders angenehm gestalten ließ. Zum anderen und vor allem, weil ich die zumindest vage Hoffnung hegte, dass uns eine solche Reise emotional näherbringen könnte. Dass ich Fragen loswerden könnte, die ich schon lange mit mir herumtrug, und vielleicht sogar die eine oder andere Antwort erhalten würde.

Es war ein perfektes Setting für eine derartige Attacke! Zwei Nächte in Lissabon mit erstklassigem Essen, eine Autofahrt durch die endlosen Korkwälder im portugiesischen Süden bis zum Südwestzipfel am Atlantik. Mein Vater war begeistert und spielte dann auch noch fünf Tage ein für seine Verhältnisse ausgezeichnetes Golf an der Algarve.
Um es kurz zu machen: einhundert Prozent Fehlanzeige. Nichts.

Nach spätestens drei Tagen gab ich einfach auf. Aber wir spielten gemäß unserem persönlichen Generationenvertrag eine Woche lang wunderbares Golf bei angenehmen Temperaturen, gingen uns niemals auf die Nerven, genossen Kulinarik und Wellness und konstatierten beim Rückflug übereinstimmend einen gelungenen Ausflug. Doch was meine eigentlichen Absichten betraf, war selbiger eine

Bruchlandung. Es war mir nicht gelungen, Fragen zu stellen, um die er wie ein geschickter Pilot herummanövrierte, noch ehe ich sie abschießen konnte. Zum Beispiel nach den Hintergründen seiner Familiengeschichte in den 1930er- und 1940er-Jahren, den Gründen für seine emotionale Verschlossenheit und die für uns Kinder völlig undurchschaubare Gefühlswelt im Innenverhältnis unserer Eltern. Inklusive meines größten persönlichen Mirakels, warum in aller Welt er mit meiner Mutter noch immer zusammen war!? Hatte ich es zu halbherzig versucht? War ich zu schwach gewesen, um zu fordern, zu beharren, zu kämpfen? Zu besorgt, um die Oberflächlichkeit unserer mediterranen Harmonie aufs Spiel zu setzen? Oder war es einem Teil von mir sogar recht? Sodass ich schließlich wie betäubt von der ebenso beruhigenden wie unglaubwürdigen Vision, es sei ja ohnehin noch genügend Zeit und es würden sich sicher noch ausreichend Gelegenheiten ergeben, das Unvollkommene einmal konsequent anzugehen, weitermachte wie gewohnt.

Doch genügend Zeit ist nie genug, eher das Gegenteil, wie das Leben lehrt. Und als mein Vater fünfzehn Jahre später die niederschmetternde Diagnose eines sehr aggressiven neuroendokrinen Karzinoms erhielt, beschloss ich, trotz oder eher wegen seiner Erkrankung einen neuen Anlauf zu starten. Und diesmal würde ich nicht so schnell aufgeben! Meine Vorsätze waren eisern.

SZENENWECHSEL.
EISENERZ 1930

Eine Industriekleinstadt im Herzen eines völlig neuroti-
sierten, vielfach zerrissenen und weitgehend verarmten
Überrests einer bis zwölf Jahre zuvor sich mächtig und
wichtig wähnenden Monarchie. Was die immer schon kleinen Leute qua verloren gegangenem staatlichem Selbst-
wertgefühl noch kleiner machte. Das tägliche Leben als
täglicher Kampf um ein physisches, aber auch gesellschaft-
liches Überleben, um eine zumindest vage vorhersehbare
Zukunft.

Die für einige „Großstädter" zumindest ansatzweise hoff-
nungsfrohen 20er-Jahre des vorigen Jahrhunderts waren
hier nie angekommen. Dennoch war die etablierte Schwerindustrie der Kleinstadt für viele, die aus noch ärmeren
und noch hoffnungsloseren Gegenden zugezogen waren,
in diesen Jahren so etwas wie ein verheißungsvoller Ort.

1930 jedoch gehörte auch diese Hoffnung der Vergangenheit an. In diese Gemengelage und in eine höchst politisierte Umgebung wurde mein Vater als Sohn eines Gastwirts hineingeboren, der, wohl ohne große Planung oder Absicht, plötzlich mittendrin war statt nur dabei. Denn Gasthäuser waren in der Provinz die eigentlichen Parteizentralen der wackeligen, jungen Republik. Und aus welchen – für mich trotz der Befragung einiger Zeitzeugen nie wirklich ersichtlichen – Gründen auch immer, wurde das Gasthaus meines Großvaters zum örtlichen Hotspot der deutschnationalen Bewegung der Stadt. Mit weitreichenden Folgen, wie sich recht schnell auch für meinen Vater, den kleinen Alois, zeigen sollte. Und mit lebenslänglichen und generationenübergreifenden Nachwirkungen.

Mein Vater hat immer behauptet, seine Kindheit sei eine schöne gewesen. Schön im Sinne großer Chancen, frühzeitig viel zu lernen. Schön im Sinne großer Freiheit von ganz frühen Jahren an. Schön tatsächlich auch in dem Sinne, nie ernsthaft Hunger gelitten zu haben.

Ich habe das über weite Strecken für blanken Zynismus der eigenen Historie gegenüber gehalten. Aber das hätte aus späterer Sicht geheißen, den Umständen nicht gerecht zu werden. Deshalb habe ich in den letzten Jahren zaghaft versucht, auch ohne meinem Vater zu nahe zu treten, und vor allem mittels Verwandter und Bekannter seiner Generation, etwas mehr Gefühl dafür zu bekommen, wie diese Aussagen realitätsnahe zu interpretieren seien. Aus der Zeit seiner „großen Wanderschaft" zwischen 1935 und 1938, auf die ich später zu sprechen kommen werde, gibt es einige Anekdoten, die ein deutlicheres Bild zeichnen. Doch die prägenden Kleinkindjahre blieben weitestgehend im Nebel einer Vergangenheit, die genauso verdrängt wie nicht erinnert wurde.

Apolitisch im extremst vorstellbaren Sinne ist wohl der Ausdruck, der die Weltanschauung meines Vaters auf den Punkt bringt. Wobei dieser Begriff nicht nur für Politik im klassischen Sinne, sondern für gesellschaftspolitische Themen aller Art galt. Und für alles Religiöse sowieso. Religion war für meinen Vater am Ende des Tages nur eine andere Facette von Politik. Und die katholische Kirche eine äußerst dubiose Partei.

Was seinen eigenen Vater Raimund, meinen Großvater, den Gastwirt betrifft, hat mein Vater nie ein schlechtes Wort über ihn verloren. In meiner Kindheit gab es dazu kaum Gelegenheit, denn er sprach ja kaum über früher. Erst in seinen letzten Jahren ließ er die eigene Kindheit manchmal auferstehen, dann aber eher gegenüber seinen Enkelkindern als den eigenen. Das scheint für Kriegskinder typisch zu sein, wie ich öfter gelesen habe.
Ich habe immer wieder versucht, mir vorzustellen, wie er mit großen Augen und weit geöffneten Ohren, aber zugleich ganz unscheinbar und unaufgeregt, als kleiner Bub die lauten, heftigen und bisweilen sicher unverständlichen, vor allem aber derben bis brutalen Verbalinjurien der deutschnationalen Stammtischbrüder wahrgenommen hat. Denn gerade in der Vorschulzeit verbrachte er wohl viel Zeit in Küche und Schankraum, wenngleich zumeist in Obhut der Mutter.

Ach ja, meine Großmutter. Ein viel größeres Fragezeichen noch als der Großvater, zumal ich die beiden nie kennenlernte. Es scheint, dass genau so, wie mein Großvater wohl das Verhältnis meines Vaters zu mir (und der katholischen Kirche) geprägt hat, eine ungreifbare Mutter, die der frühen „Nicht-Erziehung" ihres Gatten kaum etwas entgegensetzen wollte oder konnte, das Frauenbild meines Vaters frühzeitig manifestierte. Auch wenn es vollkommen hypothetisch ist, bin ich der Meinung, dass der Entschluss meines Vaters, eine Ehefrau niemals mehr zu verlassen, schon vor seinem achten Lebensjahr gefallen ist.

Es ist mir aber bis heute ein Rätsel, warum sich dieses diffuse und nach meines Vaters eigenen Worten weitgehend emotionsfreie Verhältnis zu seiner Mutter auch in den mehr als drei Jahren nicht änderte, in denen er an ihrem Rockzipfel der Odyssee ihres Ehemanns durchs Deutsche Reich folgte.

Denn nachdem mein Großvater 1934 in den Wirren des kurzen, aber in den steirischen Industriegebieten besonders intensiv betriebenen Putschversuchs österreichischer Nationalsozialisten nach der offensichtlichen Verbrüderung mit seinen Stammtischgästen erst verprügelt und dann eingesperrt worden war, war es mit der eigentlichen Kindheit meines Vaters auch schon vorbei.
Da die Austrofaschisten in der Wahl ihrer Mittel den deutschen Originalen um nichts nachstehen wollten, wurde es gefährlich für die Familie. Aber, einer spezifisch österreichischen Inkonsequenz sei Dank, gelang dem Familienoberhaupt nach mehreren Wochen eine in den späten

Erzählungen etwas verklärte Flucht über Südeuropa ins gelobte dritte Reich der Stammtischbrüder.

Und der kleine Alois durfte an der Seite seiner Mutter nachziehen. Was dann folgte, war die Zeit, von der mein Vater allen Ernstes behauptete, sie als glückliche Kindheit empfunden zu haben. Selbige gestaltete sich als Irrfahrt und führte ihn in knapp vier Jahren durch mindestens sechs Volksschulen zwischen dem Bodensee und Berlin. Denn trotz der Unterstützung der NSDAP, die mein Groß-vater sicherlich erfahren hat, war es wohl schwer, als öster-reichischer Exilant und Wirt irgendwo in Deutschland Fuß zu fassen. Das gelang erst und nur für relativ kurze Zeit am letzten Standort, in Berlin.

In seiner Erinnerung schwärmte mein Vater vom absolu-ten Gerechtigkeitssinn prügelnder Grundschullehrer (jeder Fehler ein Hieb, ohne Ansehen von Herkunft oder Sym-pathie), und wie er ein ansehnliches Hochdeutsch lernte.

Ich denke, mein Vater war ein Kind, das es seinen Eltern zumeist leicht gemacht hat. Zumal er sehr deutlich sah, wie schwer sich diese schon mit den Umständen taten. Da wollte er wohl in keiner Weise eine zusätzliche Belas-tung darstellen. Und das konnte er am besten dadurch erreichen, dass er möglichst schnell so selbstständig wie nur möglich wurde.

Wunderbar, so viel Auslandserfahrung in jungen Jahren musste ja zu einer frühen Persönlichkeitsbildung und zu großer Selbstständigkeit führen. Und genau dies ist das Motto, das ihn nie wieder losließ: Selbstständigkeit. Oder

Unabhängigkeit. Am besten beides. Er wollte das von ganz jungen Jahren an so sehnlich und unbedingt wie nichts anderes. Aber nur für sich. Er war und blieb immer der ruhige Mittelpunkt seines Kosmos. Alles andere passierte. Und – er konnte sich immer bestens anpassen an das, was so passierte. Solange er sich in seinem tiefen Inneren sicher war, dass er selbst unabhängig und frei blieb. Unangetastet in seinem Sinne. Das galt für wirklich alles. Für jede Lebenssituation und für jeden Mitmenschen. Ob der nun Vater oder Mutter hieß, Sohn oder Tochter, Freund oder Klient. Eine konsequente Interpretation von Unabhängigkeit und Freiheit, egal wie sanft und unscheinbar er sie oft lebte. Und in dem Moment, in dem er wahrhaftig und unwiderruflich realisierte, dass er sie verloren hatte, begann er, denke ich, zu sterben. Was er dann auch mit derselben Konsequenz und einer gewissen Unaufgeregtheit vollbrachte.

Dass er aber diese für ihn essenzielle innere Freiheit in Wahrheit schon lange vorher in kleinen Dosen begonnen hatte aufzugeben, das war mir vielleicht bewusster als ihm selbst. Denn auch wenn es lange Zeit gut ging, irgendwann war die Konsequenz eines Lebensversprechens ewiger Bindung, Fürsorge und Rücksichtnahme auch mit der philosophischsten Freiheitsdeutung kaum mehr vereinbar. Zumindest nicht in seinem Fall.

EXKURS IN DIE MONARCHIE

Sechzehn Geschwister, bitterste Armut im absoluten Niemandsland der österreichischen Monarchie, dem tiefsten Mühlviertel im 19. Jahrhundert. Mein Urgroßvater, der Vater meines Großvaters, war ein Müller, Bauer und Viehhändler, dessen größte Passion wohl der halbjährlich aufgesuchte Linzer Viehmarkt samt anschließendem Bordellbesuch war. Und der bei der Heimkehr den Frust über den verhurten und versoffenen Zuchtochsen an seiner ehelichen Gebärmaschine und den Kindern, die wenig besser als Sklaven gehalten wurden, ausließ.

Diesem Dasein zu entfliehen, war die Voraussetzung für jedes Überleben in einem auch nur annähernd menschlichen Sinne. Da kam wahrscheinlich, wie bei so vielen, die Einberufung in die kaiserliche Armee 1914 meinem Großvater sogar durchaus gelegen.
Dann aber dürften die Jahre als Sanitäter an der Westfront massiv dazu beigetragen haben, ein Weltbild zu formen, das nicht dazu taugte, mit Optimismus und innerer Stabilität in ein mehr oder weniger friedliches Leben zurückzukehren.

KONSEQUENZEN

Was meinen Vater betrifft, so war ihm die Last seines eigenen Vaters wohl bewusst. Und er hat sich frühzeitig ein klares Bild von dem gemacht und tief verinnerlicht, was er selbst niemals (er)leben wollte

Keine Abhängigkeit, keine Armut (die ja zumeist in Abhängigkeit mündet), keine Gewalt, keine Politik, keine Religion (als Spielart der Politik). Der Umkehrschluss, der dann langfristig sein Verhalten prägte, entwickelte sich, so vermute ich, eher schleichend und – der Lebensgeschichte folgend – wie von selbst. Und lautete in etwa so: Vorausschauende Planung in allen Lebenslagen, klare Entscheidungen, zu denen man langfristig steht, Zuverlässigkeit und Treue ohne Kompromisse. Vor allem aber: Niemals die Kontrolle verlieren; nichts und niemand darf mir jemals so nahekommen, dass ich Gefahr laufe, mich nicht mehr als (Be)herrscher meiner Emotionen zu fühlen.

Ich kann mich vage an zwei Situationen in fünfundfünfzig Jahren erinnern, in denen diese Prämissen offensichtlich wackelten. Und eine dritte aus jüngerer Vergangenheit.

Das erste Mal geschah es beim Tod meines Großvaters mütterlicherseits, als ich mit etwas bis dahin schier Unglaublichem konfrontiert wurde. Die Augen meines Vaters schwammen in Tränen. Papa weinte! Das war für mich als sechzehnjähriges Pubertier fast ein Schock. Erstens, Papa weint nicht, und zweitens hatte ich nie bemerkt, dass ihm allzu viel an seinem Schwiegervater lag. Dass er wohl tatsächlich eine Beziehung zu ihm hatte, die über ein höfliches bis freundschaftliches Verhältnis mit angemessener Schwiegersohndistanz hinausging, auch wenn Opa und Oma zu jenem Zeitpunkt schon mehr als zehn Jahre unter einem Dach mit uns wohnten.

Das zweite Mal betraf die lebensbedrohliche Erkrankung meiner Schwester im Teenageralter. Ich selbst erfasste die Dramatik der Situation bestenfalls schemenhaft. Meine Mutter war rund um die Uhr in der Klinik. Eines Tages kam ich vom Studium unangemeldet nach Hause und fand meinen Vater mit leerem Gesichtsausdruck und wässrigen Augen im Wohnzimmer sitzend. Der ratlose und völlig verlorene Blick, der mich streifte, als er mein Erscheinen bemerkte, hat sich in mein Gedächtnis gebrannt. Ich weiß nicht, ob und, wenn ja, was wir dann gesprochen haben. Aber ich weiß genau, was mir dieser Blick gezeigt hat: Ich bin verzweifelt und ratlos. Und für diesen einen Moment ist es auch in Ordnung, dass du das weißt, mein Sohn. Ob mein Vater sich in weiterer Folge auch einmal ernsthaft damit beschäftigt hat, zu ergründen oder zu verstehen, wie ich mit der Erkrankung meiner Schwester umging, weiß ich nicht. Ich würde es aber eher bezweifeln. Jedenfalls fand er offensichtlich keinen Anlass oder Ansatz, mich danach zu befragen oder ein Gespräch dazu zu initiieren. Der eine Moment reichte völlig aus. Gefühle waren Privatsache.

Das dritte und letzte Mal versagte die absolute Gefühlskontrolle meines Vaters angesichts seines nahen Todes. Diese Situation führte ich ziemlich bewusst herbei. Mein Vater war bereits schwer krank, hatte aber die „finale" Diagnose noch nicht in Händen, dafür schlimme Schmerzen, die ihn in kürzester Zeit beinahe gehunfähig machten und mehr oder weniger ans Bett fesselten. Sechs Wochen sollten ihm noch bleiben, wie ich heute weiß. Meine Schwester und ich hatten uns mit den Eltern in deren Wiener Wohnung getroffen, weil sie in der Hauptstadt einen Spezialisten konsultieren wollten.

Mutter und Schwester waren nach gutem Zureden und mit deutlichem Unbehagen für zwei oder drei Stunden ins Theater entschwunden, und ich nahm alle verfügbare Willenskraft zusammen und setzte mich, ohne zu fragen, auf die andere Seite des Doppelbetts, in dem mein Vater – ausnahmsweise ohne großformatige Zeitung vor dem Gesicht – lag und vor sich hindöste. Nach einer ebenso kurzen wie mitleidig belächelten Frage nach dem Schmerzstatus ging ich konsequent und ohne die vielleicht gebotene Rücksicht auf den Zustand des Patienten ans Eingemachte, beziehungsweise versuchte es. Mit konkreten Fragen nach dem Denken und Fühlen in einer Phase, die nicht mehr allzu weit weg ist vom Ende des irdischen Lebens, übertrat ich die Grenze, ließ mich diesmal aber nicht abschrecken, drang in die Sperrzone der Vatergefühle vor, die er doch haben musste. In dieser Situation war auch mein Vater nur ein Mensch.

Ja, das war er tatsächlich. Ich erlebte einen Gefühlsausbruch meines Vaters, der mich doch sehr verblüffte. „Bla, Bla, Bla", schoss mein Vater scharf. „Das ist wieder mal ein riesiges Bla, Bla, Bla, typisch für dich, immer nur Bla, Bla, Bla." Wenn er es so sehen wollte, bitte. Ich machte weiter mit meinem sogenannten Bla, Bla, Bla, schaffte es sogar, gelassen zu bleiben, ließ mich nicht vertreiben, blieb da, bei ihm, und verspürte aufrichtiges Mitgefühl. Und da erschienen sie zum dritten Mal in unserem gemeinsamen Lebensverlauf. Tränen in seinen Augen. Ich hatte das Gefühl, ich sollte ihm eine Erlaubnis dafür geben, ihm sagen, dass das nichts Schlimmes sei. Und ich sagte ihm auch, dass mir bewusst sei, dass es eine Anmaßung darstellte, wenn Kinder sich in die angeblich nicht vorhandene Gefühlswelt ihrer Eltern einmischen oder einbringen wollten. Aber es sei dann zumindest ebenso legitim, danach zu fragen, ob Eltern auch nur ansatzweise eine Ahnung von der Gefühlswelt ihrer Kinder hätten. Und damit meinte ich nicht nur meine eigene, sondern auch die meiner Schwester, die sich über Jahrzehnte hinweg deutlich intensiver mit unserem Familienkonstrukt beschäftigt und dabei viel Leid durchlitten hat. Da knackte es im Panzer meines Vaters, ich spürte es deutlich, ahnte seine innere Zerrissenheit zwischen schweigen wie immer oder vielleicht nun doch einmal etwas sagen?

Meine Schwester hatte es in all den Jahren noch viel seltener gewagt, an die väterlichen Emotionen zu appellieren. Sie war die perfekte Tochter, die samt Familie regelmäßig brav nach Hause kam, ihre Rolle bestens verinnerlicht hatte und niemals grenzwertige Fragen stellte, weder meinem Vater noch, was das allergrößte Risiko dargestellt hätte, meiner Mutter. Dass dieses Musterkind vor allem aus Pflichtbewusstsein heraus jahrzehntelang einen Anschein wahrte, der meinen Vater in keinerlei emotionale Bedrängnis bringen konnte, weil sie – noch weniger als ich – nach Ursachen und Verantwortungen fragte, das war ihm, denke ich, in diesem Moment unserer Begegnung sehr bewusst.

Mein Vater schwieg. Es war ein „beredtes" Schweigen, und ich weiß noch, dass ich staunte, wie wahr solche Floskeln sein können. Ich nutzte die Gunst der Stunde und entschloss mich, jetzt auch noch das zu thematisieren, von dem ich annehmen musste, dass es die empfindlichste Stelle überhaupt treffen würde: meine Mutter, aber eher in ihrer Rolle als seine Ehefrau. Ich begann mit einem Kompliment und sagte, dass ich schon lange die allergrößte Hochachtung davor hätte, dass ein Freiheitsfanatiker wie mein Vater sein ursächliches Bedürfnis nach Unabhängigkeit und Freiraum dermaßen unterdrücken oder beiseiteschieben könne, um einer Ehefrau gerecht zu werden, die genau diese Ansprüche in keiner Weise akzeptiere. Sondern, genau im Gegenteil, alle Aufmerksamkeit auf sich zöge und mit allen ihr zur Verfügung stehenden Mitteln den Freiheitsdrang ihrer Umgebung und damit vor allem seinen eigenen permanent einschränke. Denn im Gegensatz zu den Zeiten als viel beschäftigter Anwalt und Vater heranwachsender Kinder hatte er in der Pension, wie die Rente auf gut Österreichisch heißt, kaum mehr Vorteile aus der Überlassung der „Haushaltshoheit" gezogen.

Anders formuliert hätte ich auch fragen können, warum er sich seit mindestens zwanzig Jahren (dem Zeitpunkt seines Rückzugs aus dem Berufsleben) seine Lebensenergie, die er zuvor in großem Maße besessen hatte, sukzessive hatte aussaugen lassen! Aber ich denke, er hat die Frage ohnehin so oder ähnlich interpretiert.

Seine Antwort jedenfalls war trotz der Kürze die umfassendste, offenste, und ehrlichste, die ich je von ihm bekommen habe. In klaren Worten und mit ebenso klarem Ausdruck von seelischem Schmerz meinte er: „Ja, du hast recht. Sie hat mir die letzten Nerven geraubt. Aber ein für alle Mal – das ist und bleibt einzig und alleine meine Sache!" Was deshalb fast ein wenig schade war, weil ich bei allen sonstigen Zweifeln und Ungereimtheiten in der Beziehung meiner Eltern nicht verwundert gewesen wäre, wenn er das als ursächliche Begründung seiner Leidensfähigkeit zum Ausdruck gebracht hätte, was ich viele Jahre zuvor ein einziges Mal auch aus seinem Munde vernommen hatte: „Ich liebe sie eben!"

Als meine Mutter und Schwester zurückkehrten, hatten wir wieder jene unverdächtige Tonalität aufgenommen, die meine Mutter gerne hörte. Denn seit jeher gehörte es zu den größten ihrer unzähligen Ängste, etwas von den homöopathischen Dosen der Begegnung zwischen ihrem Ehemann und seinen Kindern zu versäumen. Wenn etwas mitgeteilt wurde, hatte das mit ihr geteilt zu werden.

Nach diesem für mich so denkwürdigen Abend zog sich mein Vater konsequent in die Position des Kranken zurück. Das war für ihn wie für alle anderen vollkommen irrational und ungewohnt. Denn mein Vater war überzeugt davon gewesen, dass er niemals krank sein würde. Er hatte in mehr als vierzig Berufsjahren nicht einen einzigen offiziellen Krankheitstag in seinen Annalen verzeichnet und hielt sich folglich für mehr oder weniger immun gegen irdische Wehleiden.

Was wahrscheinlich auch der Grund dafür war, dass er über Monate und vielleicht sogar Jahre hinweg den in ihm wuchernden Tumor für altersbedingte Wirbelsäulenbeschwerden oder Müdigkeit gehalten hatte. Oder, was mindestens genauso wahrscheinlich ist: Er wollte nicht hinsehen, nicht hinspüren. Vielleicht nicht allzu früh wissen, was er ahnte? Denn haben wir ihn in dieser Zeit nicht oft gefragt, ob er sich wirklich wohlfühle, da seine Gesichtsfarbe immer gelblicher und seine Augen immer wässriger wurden? Ja, Wegschauen war in bestimmten Bereichen ein deutliches Muster seiner Persönlichkeit, das er via seiner Gene partiell auch weitergereicht hat. Zumindest an mich.

DAS KRIEGSKIND

Mit seinen fünfzehn Jahren, die mein Vater zählte, als der Krieg zu Ende war, galt er zu dieser Zeit kaum mehr als Kind, auch wenn er das Privileg hatte, gerade noch zu jung für die letzten Schlachten der Volksfront gewesen zu sein. Aber er hat sechs Jahre Krieg als Schüler erlebt und zählt somit zur „Generation Kriegskinder". Genau so, wie wir zweifelsohne die langsam, aber doch in Ansätzen beleuchtete „Kriegsenkelgeneration" darstellen. Eine der Eigenschaften, die Kriegskinder-Väter aus meiner Sicht weitestgehend gemeinsam haben, ist das Unvermögen – oder vielleicht besser den Unwillen –, in Offenheit zurückzuschauen. Und darüber hinaus Lehren aus der grausamen Kriegszeit so zu verarbeiten und zu vermitteln, dass Kinder und Enkelkinder sie besser verstehen können. Den Vater, den Großvater und sich selbst. Diese Unfähigkeit oder vielleicht auch der Unwille, zu analysieren und ja, auch zu trauern, wurde in der Kindheit dieser Generation gesät. Wir sind zu erheblichen Teilen das Resultat unserer Vergangenheit. Und wir geben weiter, was wir erfahren haben.

Zu sehr hat uns auch der Begriff Babyboomer jahrzehntelang davor bewahrt, die späten Folgewirkungen eines nicht selbst erlebten Krieges intensiver zu betrachten. Vieles von dem, was unsere Generation heute als moderne Zivilisationserscheinung betrachten möchte, ist vielleicht genau deshalb für viele unerklärbar geblieben. Aber in den kindlichen und jugendlichen Kriegserlebnissen sind mit Sicherheit viele Antworten für sonst kaum Erklärbares zu finden. Natürlich in sehr unterschiedlicher Ausprägung, die schon qua Ort und Herkunft gegeben sein musste. Aber summa summarum haben diese Jahre das Leben unserer Väter nachhaltig geprägt. Und in nicht gerade geringem Ausmaß eben auch das unsere. Deshalb liegt im Rückblick ein Schlüssel zum Verständnis, der wiederum der Gegenwart und Zukunft neue Erkenntnisräume eröffnet.

Wie viele Fragen muss es für die Kriegskinder gegeben haben, wie viele Ungereimtheiten auf all die unglaublichen Geschehnisse?! Und wie wenig Antworten.

Warum schlagen Nachbarn plötzlich aufeinander ein, warum sind langjährige Schulkameraden, beste Freunde und Freundinnen von einem Tag auf den anderen nicht mehr da, warum kommt der ältere Bruder nicht mehr nach Hause, und warum weiß niemand, wo er ist?! Warum soll man niemandem mehr vertrauen, nicht einmal dem liebevollen Großvater des besten Freundes, der immer so wunderbare Geschichten erzählte? Und vor allem: Warum will das alles niemand beantworten, erklären, kommentieren? Auch und schon gar nicht der, von dem man eigentlich Antworten auf alle Fragen des Lebens erwartet – der eigene Vater!?

Mittlerweile hat die Wissenschaft erforscht, dass solche Kindheiten, zumal über Jahre hinweg, Nährboden für vielerlei Arten psychischer Krankheiten wie Depressionen, Persönlichkeitsstörungen, Psychosen und natürlich Traumata sind. Man kann sie nicht vergessen, nachhaltig verdrängen. Irgendwann brechen sie auf, bei jedem zu einem anderen Zeitpunkt. Von Mitarbeitern in Seniorenheimen hört man häufig, dass unbewältigte Kindheitserinnerungen am Ende eine große Rolle spielen, wenn die lang verdrängte Vergangenheit die Gegenwart erobert. Kein Wunder also, wenn das ewige Vorwärts- (und bloß nicht Zurück-)Blicken der Wirtschaftswunderjahre und des steten ökonomischen Aufstiegs mit der Pensionierung zu Ende geht.

Einige Folgen der Verdrängung lagen auf der Hand, so denke ich heute. Doch es hat viele Jahre gedauert, bis ich die Analogien erkannte und die richtigen Schlüsse ziehen konnte. Heute weiß ich, dass ich viel früher hätte verstehen können, warum mein Vater so war, wie er eben war, und häufig nicht anders handeln konnte. Doch ich bin nun mal der Sohn meines Vaters. Und alles hat seine Zeit. Die Generation der Kriegskinder hat ihre Väter so gut wie nie gefragt und hätte sie in der Regel auch nie hinterfragt. Das wäre den allermeisten wohl zu gefährlich erschienen. Gefährlich vor allem im Hinblick auf die zu erwartenden

Erkenntnisse. Die Angst war größer als das eigene Leiden unter der Sprachlosigkeit jener, die für die Bildung von Vertrauen und Zuversicht primär verantwortlich gewesen wären.

Ich habe einen „Lieblingsonkel" (auf den ich noch ausführlicher zu sprechen kommen werde), der meinem Vater sehr nahestand, praktisch gleich alt ist und zeit seines Lebens so etwas wie ein Revolutionär war. Bis heute hat Erich für die Belange junger Menschen immer ein weit offenes Ohr. Doch wenn es darum geht, mehr als ganz vage Allgemeinpositionen zu seinem eigenen Vater – dem Bruder meines Großvaters – zu äußern oder zur Familie insgesamt, wird er taub und stumm. Und auch wenn er mit großer Empathie darlegt, dass dieses Verhalten Selbstschutz und nicht Verweigerung sei, und nicht einmal leugnet, viel mehr zu wissen, es aber lieber für sich behalten zu wollen, wie es auch mein Vater tat, ist und bleibt es in meinen Augen eine Verweigerung, die den Heilungsprozess über Generationen hinweg behindert. So stecken hinter der emotionalen Unerreichbarkeit und Sprachlosigkeit vieler Väter und ihrer zugleich zur Schau gestellten – oder so definierten – mentalen Stärke massive Ängste und ewig unerfüllte Bedürfnisse.

Ich denke, dass mein Vater sehr spät im Leben zumindest ansatzweise zu der inneren Erkenntnis gelangt ist, dass etwas mehr Offenheit und auch nach außen kommunizierte Reflexion nicht wirklich geschadet hätten. Weder ihm selbst noch seinen Kindern. Das konnte man unter anderem an den dezenten Rissen in seinem Emotionspanzer erkennen, wenn wir uns bei den nicht allzu häufigen Besuchen im Elternhaus wieder verabschiedeten. Da kam es tatsächlich zu der einen oder anderen liebevollen Geste und Berührung. Eine Zärtlichkeit, die in seiner quasi aktiven Vaterzeit eher Mangelware war.

DIE PERSÖNLICHKEIT(EN) EINES 30ER-JAHRE VATERS

Ganz wie mein Vater, der erst einmal die guten Dinge sehen wollte, möchte ich den Versuch, den Menschen „Vater" so objektiv wie möglich zu erfassen, mit positiven Aspekten beginnen. Positiv auch und vor allem im Sinne der Auswirkungen und Prägungen der eigenen Persönlichkeit. Dann fällt vielleicht auch der Rest etwas leichter.

DER TOLERANTE

Als ich bei der feierlichen Verabschiedung meines Vaters die freiwillig übernommene Ehre hatte, im Namen der Familie eine kurze Rede zu halten, nahm ich im Geiste noch einmal jene Stichworte zu Hilfe, mit denen ich viele Jahre zuvor eine kleine Hymne auf die Qualitäten dieses beliebten Anwalts coram publico gesungen hatte. Seinerzeit im Büro meines Vaters, anlässlich seines sechzigsten Geburtstags, in Anwesenheit einiger Klienten, Familienmitglieder und vor dem fast vollzählig erschienenen örtlichen Rotaryclub, dem jahrzehntelangen Nukleus des Soziallebens meiner Eltern. In höchsten Tönen hatte ich davon gesprochen, welch Vorbild an Toleranz mein Vater zeit meines damals dreißigjährigen Lebens für mich gewesen war. Uneingeschränkt, unzweifelhaft, unwidersprochen. Und ich habe das, was ich da mehr oder weniger wohlfeil formulierte, auch geglaubt.

In der Version meiner Abschiedsrede in der Aufbahrungshalle habe ich die Hymne zum einen deutlich kürzer gehalten und zum anderen spezifiziert, ohne aber zu relativieren. Denn mein Vater war tatsächlich das, was die allermeisten Mitmenschen meiner Generation als einen toleranten Menschen bezeichnen würden. Es gab nicht eine einzige „Randgruppe", von der ich jemals gehört hätte, die er in irgendeiner Weise disqualifiziert hätte. Es gab keine Rassen, Völker, politischen Parteien, keine Generationen, sexuellen Praktiken oder philosophischen Schulen, die er verteufelt oder diskreditiert hätte. Niemals, so schien es lange Zeit, würde er sich anmaßen, über irgendetwas oder irgendjemanden zu urteilen.

Dass man diese uneingeschränkte Toleranz zumindest teilweise auch als ein bewusstes Heraushalten und als eine partielle Unfähigkeit oder einen Unwillen, konkret Stellung zu beziehen, hätte interpretieren können, darauf bin ich erst sehr spät gekommen, als mir da oder dort ein Spiegel vorgehalten wurde. Doch diese Interpretation schmälert bis heute keineswegs meine Bewunderung für die Ausgeprägtheit seiner Toleranz, auch in weiten Teilen des täglichen Lebens.

Ich habe DIESE Art der Toleranz schon als Kind durchaus realisiert und spätestens als Jugendlicher sehr geschätzt. Denn damit waren Freiheiten verbunden, die nicht alle meine Freunde genossen. So gab es vonseiten meines Vaters zu keinem Zeitpunkt wie auch immer geartete Vorgaben, was die Gestaltung meines Lebenswegs betraf.

Weder bei der Auswahl des Freundeskreises wollte er Einfluss nehmen noch bei der des Studiums. Während andere Väter alles dafür taten, einen familiären Nachfolger für Geschäft, Praxis oder Kanzlei zu rekrutieren – einschließlich diverser Zwangsmaßnahmen –, war unser Papa völlig gelassen. Auch war es ihm absolut gleichgültig, wen wir als Freundin oder Freund vorstellten, orthodox islamischer Araber und informelle Pfarrerstochter inklusive.

Wohl ganz nach dem Motto „Gegensätze ziehen sich an" gab es im krassen Gegensatz zur hohen Toleranz meines Vaters für meine Mutter stets nur eine Welt und Wahrheit: ihre. In ebenso krassem Gegensatz schien sie nie, nicht eine einzige Sekunde, in sich selbst ruhen zu können oder die Fähigkeit zu besitzen, andere anders sein zu lassen. Seit ich mich erinnern kann, hatte meine Mutter zu fast allem und jedem eine vorgefertigte Meinung. Wenn mein Vater Freiraum ließ mit seinem „Das musst du selbst wissen", erklärte sie mit Vehemenz, wie die einzig mögliche Ansicht, Meinung, Handlung auszusehen hätte.

Nun ist Toleranz bis zu einem gewissen Grad immer auch relativ. Wenn es aber darum geht, anderer Menschen Meinung zumindest zu akzeptieren – ohne sie notgedrungen zu teilen –, dann ist Toleranz entweder vorhanden oder eben nicht. Und wenn diese Fähigkeit beziehungsweise Unfähigkeit zur Toleranz innerhalb eines Paares dermaßen eklatant aufeinandertrifft, wie dies in unserer Familie der Fall war, dann …

… hat man als Kind nur die Wahl, sich für einen Weg zu

entscheiden und ihn möglichst konsequent zu gehen. Was natürlich auch bedeutet, emotional einem Elternteil viel näher zu stehen als dem anderen. Zumal die Toleranz nur einer von mehreren essenziellen Charakterzügen war, in dem sich meine Eltern fundamental unterschieden und mehr noch: Gegenpole darstellten.

Ich habe mich immer wieder gefragt, wie dies möglich war. Zwei Menschen derselben Generation mit vergleichbar schlimmen Kindheitserfahrungen und ganz offensichtlich auch auf ihre Art und Weise in Liebe miteinander verbunden?! Noch dazu erlebte ich die Eltern meiner Mutter, meine Großeltern, beide 1902 geboren, als sehr warmherzige und – ja tatsächlich – tolerante Menschen. Und das, obwohl sie in eine Zeit geboren wurden, in der einem, um es einmal beschönigend auszudrücken, gewiss nichts geschenkt wurde.

Als Jugendlicher sehnte ich die Tage und Wochen herbei, in denen meine Eltern ohne Kinder Reisen oder Urlaube machten und uns in die Obhut der Großmutter gaben. Bei ihr erlebten wir keine Einschränkungen. Da konnte ich auch mit sechzehn Jahren nach Herzenslust Freunde einladen, mit ihnen Bier trinken, in die Nächte hinein diskutieren oder am Feuer sitzen. Niemals werde ich den Morgen vergessen, an dem ich – etwas älter – mit einem Freund und zwei mit Highheels, Netzstrümpfen und Miniröcken bewaffneten Discoqueens das Haus meiner Eltern verließ, während meine Großmutter bereits den Rasen sprengte. Innerlich zuckte ich kurz zusammen. Doch mehr als ein dezentes Kopfschütteln konnte der Mutter meiner Mutter diese Szene nicht entlocken. Meine Mutter hätte im allerbesten Fall einen Tobsuchtsanfall erlitten. Noch mit neunzehn Jahren war mir laut mütterlichem Dekret, und wie üblich ohne stichhaltige Begründung, jeglicher Damenbesuch nach 24 Uhr strengstens untersagt.

Und was sagte mein Vater dazu?

„Na ja, wenn die Mama meint …"

So war es immer. Wenn Mama etwas meinte, verpuffte die väterliche Toleranz.

Sollte ich mich nun in Toleranz üben dafür, dass ich nicht einmal einen leisen Hauch von Unterstützung erhielt? Ich übte mich stattdessen in Unverständnis für die Beziehung meiner Eltern und die Diktatur meiner Mutter, die mein Verhältnis zu meinem Vater trübte.

Vater versteht Sohn? Ja, aber nur solange die Mutter keine Dekrete verfasst. Kein Standing, keine Konfliktbereitschaft, kein Vater! Toleranz? Überall anders, nur nicht hier, nur nicht zu Hause. Toleranz ist relativ.

So sehr ich davon überzeugt bin, dass die Verhaltensweise meines Vaters in weiten Teilen prototypisch für diese Männergeneration war, so wenig gewiss bin ich, woher die Muster meiner Mutter stammten. Denn auch ihr Vater war ein Mensch, der – zumindest in den überschaubaren Jahren, in denen ich ihn bewusst erleben durfte – keinerlei Ressentiments Andersdenkenden gegenüber pflegte und durchaus Fähigkeiten hatte, sich in sein Gegenüber hineinzuversetzen.

Mein Großvater mütterlicherseits war mehr oder weniger unfreiwillig Soldat und Offizier in zwei Heeren, Flüchtling und Vertriebener, schwer herzkrank und in ärmlichen

Verhältnissen aufgewachsen. Aber im Gegensatz zu meiner Mutter verlor er uns Kindern gegenüber nie ein böses Wort über seine ehemaligen Gegner, Feinde und Vertreiber. Nein, im Gegenteil, er hat uns sehr klar gemacht, dass ohne Verzeihen und Verstehen nichts besser werden kann in dieser Welt. Wobei natürlich auch er den Mantel des Schweigens über seine Jahre als Offizier der Wehrmacht breitete. Im Großen und Ganzen also keine Brutstätte für Ressentiments oder allumfassende Intoleranz, wie seine Tochter sie bevorzugte. Allerdings war er sehr konservativ geprägt, was die Einstellung zu Familie, Gesellschaft und zum Teil auch zur Kirche betrifft. Doch eben im Rahmen des „Erwartbaren".

Meine Mutter erkrankte kurz nach ihren Fluchterlebnissen mit etwa siebzehn Jahren schwer an Tuberkulose und verbrachte mehr als drei Jahre in Krankenhäusern und Rehastationen. Was im Gesamtkontext natürlich eine eher mediokre Ausgangsbasis für ein Erwachsenenleben darstellt. Ich denke, dass sie sich spätestens seit dieser Zeit primär als Opfer verstand, als die, die immer zu kurz kommt im Leben. Auch wenn mein Vater alles getan hat, um dies zu verhindern, und sie spätestens nach der Geburt meiner Schwester (im Alter von dreiunddreißig Jahren) für alle Zeit von finanziellen Sorgen und jeglicher möglichen Überlastung befreite, ist sie bis ins hohe Alter dieses Opfer geblieben. Und hat sich trotz permanenter Präsenz von Kindermädchen, regelmäßiger Urlaube, vieler Fernreisen und eines samt und sonders behüteten Lebens immer als die große Gebende gesehen, die kaum etwas anderes getan hat, als sich um das Wohl der Familie zu kümmern.

Eine Kehrseite, wenn man so will, der großen Toleranz meines Vaters betrifft das Thema Anerkennung. Ich musste, wenn mich nicht alles täuscht, bis zu meiner Promotion warten, um auch nur ansatzweise so etwas wie eine Geste der Anerkennung meines Vaters für eine Leistung meinerseits erleben zu dürfen. Aber dazu etwas später ...

DER
(NICHT-)ERZIEHER

Es war mir lange Zeit unerklärlich, warum ein Mann mit klar ersichtlichen Lebensgrundsätzen und so intensiven Lebenserfahrungen wie mein Vater so wenig davon aktiv an seine Kinder und insbesondere an seinen Sohn weitergeben oder im Sinne väterlicher Ratschläge zumindest ein wenig näherbringen wollte oder konnte. Denn er verriet seine eigenen Ideale schonungslos, wenn auch nur ansatzweise die Gefahr bestand, einen ehelichen Disput im Themenumfeld der Kindererziehung auszulösen. Nein, dazu war er schlicht und ergreifend zu … feige? Faul? Wie soll ich es nennen? Fakt ist, dass ich diesen Automatismus leider erst spät realisierte. Wäre es mir früher aufgefallen beziehungsweise wirklich bewusst gewesen, zum Beispiel am Höhepunkt meiner recht ausgeprägten Pubertät, vielleicht hätte er sich doch das eine oder andere Mal provozieren lassen. Hätte sich vielleicht ein einziges Mal auf einen offenen Diskurs mit meiner omnipräsenten und erziehungswütigen Mutter eingelassen, obwohl das in seinem grenzenlosen ehelichen Harmoniebedürfnis keinen Platz hatte.

Wobei ich gar nicht ausschließen möchte, dass er im Schutze trauter Zweisamkeit nicht das eine oder andere Mal hinter den Kulissen für ein minimales Verständnis auf Seiten meiner Mutter geworben hat, auch mir ein kleines Quantum seiner Kernwerte Freiheit, Selbstständigkeit und Toleranz zuzugestehen. Genützt hat es im Zweifelsfall nichts. Und wahrscheinlich war er damals auch primär froh, seine eigenen Freiräume weitestgehend verteidigen zu können, solange Mamas absolute Deutungshoheit in der Kindererziehung wie auch im Haushalt nicht in Zweifel stand.

Was folglich zu einer ziemlich schizophrenen Situation führte. Da verehrt man den Vater für ebendiese regelmäßig deklamierten und durchaus auch zur Schau gestellten Werte und Einstellungen und darf sie selbst nicht einmal ansatzweise versuchen anzuwenden. Und so soll ein Fünfzehnjähriger zu einer selbstständigen, selbstbewussten und autarken Persönlichkeit heranreifen? Good luck, boy!

Warum aber habe ich diese Schräglage erst viel später und in der vollen Dimension erst nach seinem Tod erkennen können? Ich weiß es nicht. Ich kann nur feststellen, dass ich ihm auch heute nicht wirklich böse bin für diese Unfähigkeit. Wahrscheinlich, weil ich Verständnis dafür aufbringen kann, dass er mit seiner „Vorgeschichte" aus dieser Haut nicht herauskonnte.

Und auch, weil ich mir sicher bin, dass ihn deswegen in all den Jahren und Jahrzehnten immer wieder mal so etwas wie ein schlechtes Gewissen plagte. Das überspielte er mit der besagt notorischen, freundschaftlichen Distanz. Zumindest bis zu jenem Tag der kurzfristigen, intensiven Öffnung am Krankenbett in Wien.

Wobei ich, je öfter ich heute darüber nachdenke, mir selbst vorhalten muss, nie wirklich die Kraft oder den Mut aufgebracht zu haben, ihn ganz direkt darauf anzusprechen.

Etwa so: „Warum, lieber Papa, hast du mich eigentlich nie vor all den Unterdrückungsversuchen geschützt, warum hast du nie meinen Freiheitsdrang verteidigt, dich vor mich gestellt und deiner Ehefrau, meiner Mutter, gesagt, dass du es ganz und gar richtig findest, wenn sich ein Heranwachsender seine Freiräume sucht und seine eigenen Wege geht?!"

Nun ist es ja bekanntlich immer leichter, das Verhalten anderer, auch der Eltern, zu analysieren als das eigene. Deshalb habe ich mich in dieser Zeit wachsender Erkenntnis auch immer wieder gefragt, ob ich mich selbst denn so anders verhalte als meine Eltern, was meine Kinder betrifft. Um ehrlich zu sein: Ich kann es nicht mit letzter Sicherheit beurteilen. Zum einen habe ich zwei Töchter und keinen Sohn, was – ja, doch – einen Unterschied ausmacht. Zum anderen sind jene persönlichen Werte, von denen ich denke, dass ich sie mit meinem Vater teile, bei mir in anderer Weise entfaltet und wohl von vornherein oberflächlicher ausgeprägt. Denn ich hatte das große Privileg, keinerlei Not leiden zu müssen, um zu der Erkenntnis zu gelangen, dass diese seine Werte erstrebenswerte Leitlinien wären. Ich musste lediglich herausfinden, was ich persönlich in der umfassenden Geborgenheit, Beschütztheit und Abwesenheit alles Bösen vermisste. Diesbezüglich unterstützte mich meine Mutter aber in dankenswerter Weise aufs Vortrefflichste.

Was mich spontan zu der gewagten Überlegung verleitet, ob mein Vater vielleicht genau das bezweckte oder zumindest erhoffte. Dass ich auf diesem Umweg und auf eine andere Art der Erkenntnisfindung zu ähnlichen Ergebnissen gelange wie er dreißig Jahre zuvor!? Ziemlich schräg. Aber nicht unmöglich.

Nun ja, jedenfalls denke ich tatsächlich, meinen Töchtern bisher recht unautoritär begegnet zu sein. Und ich habe immer wieder auch einmal bewusst und mit halbwegs fundierten Argumenten versucht, ihnen den Wert von Toleranz und freiem Denken sowie die Bedeutung von persönlicher Entfaltung und Verwirklichung näherzubringen. Gleichwohl habe auch ich, gerade in den Anfängen meiner Vaterschaft, oft vortrefflich der Ausrede gehuldigt, zu wenig Zeit für die Erziehung zu haben und dafür ohnehin niemals ähnlich tauglich zu sein wie die Mutter meiner Kinder.

Der fundamentale und überwiegend generationsbedingte Unterschied ist, dass wir als Mutter und Vater im Vergleich und im Wesentlichen auf Augenhöhe agieren. Das heißt nicht, dass die Aufgaben gleichermaßen verteilt sind. Nein, das sind sie zu Ungunsten der Frauen und in jedem Fall zu Ungunsten der berufstätigen Mütter bis heute nicht. Aber aus der Sicht der Kinder, so hoffe ich, geben wir doch ein anderes, zumindest differenzierteres Bild ab. Und sind uns sehr einig in der Wertschätzung von Unabhängigkeit und Selbstverwirklichung. Auch und gerade, was Frauen und Mädchen betrifft. Das hat bei ihnen sicherlich noch gravierendere Auswirkungen auf den Unterschied im generationenübergreifenden Verhalten und den entsprechenden Lebenseinstellungen als bei Männern und Jungs.

Während ich mich mit einigen Mühen großteils aus der Klammer dieser ewigen Dissonanz lösen konnte, ist das Verhalten meiner jüngeren Schwester bis heute geprägt von den Prämissen meiner Mutter. Und auch hier treibt der Widerspruch völlig konträrer Elterncharaktere wundersame Blüten. Meine Schwester hat den Vater wahrscheinlich zeit ihres Lebens noch mehr bewundert und verehrt als ich. Und sich zugleich ganz und gar den Lebenseinstellungen der Mutter unterworfen.

Nun ist es natürlich so, dass Geschwister ihre Eltern wohl mehrheitlich recht unterschiedlich „erleben". Und ich deshalb nicht wirklich beurteilen kann, ob und wie sehr die mütterliche Dauerbeschallung und Dominanz meine Schwester dauerhaft beeinträchtigte. Was ich sicher zu wissen glaube, ist, dass sie ebenso wie ich in späteren Jahren mehr und mehr Mitleid mit unserem Vater empfand.

DER
AUTOFETISCHIST

Um es gleich vorwegzunehmen: Das Wort Fetischist ist in diesem Zusammenhang vielleicht etwas übertrieben. Aber im Vergleich zu allen anderen potenziellen „Statussymbolen" war der fahrbare Untersatz etwas, worauf mein Vater wirklich Wert legte. Was wiederum weder verwunderlich noch einzigartig ist oder war. Denn wie den meisten Männern dieser Generation bedeutete ihm der Besitz eines Autos sehr viel. Und zwar sowohl als Instrument der Unabhängigkeit wie auch als Nachweis eines gewissen wirtschaftlichen Erfolgs. Deshalb musste es natürlich auch eine Marke mit untadeligem Image sein.

Noch interessanter erscheint mir in diesem Zusammenhang aber die Tatsache, dass es der einzige Lebensbereich war, in dem mein Vater eine offensichtliche Ähnlichkeit zu seinem eigenen Vater aufwies. Denn für Letzteren war der

Besitz eines Autos von fundamentaler Wichtigkeit. Obwohl garantiert niemals von einer soliden Finanzlage verwöhnt, besaß der kleine Gastwirt schon in den 30er-Jahren eines der wenigen Automobile, die in der steirischen Bergbaustadt umherfuhren. Wie mehrfach durch Zeugenaussagen belegt, war der Streit um ein Auto sogar der Grund, warum er sich mit dem einzigen in seinem Umkreis verbliebenen Bruder zerstritt. Und das galt lebenslänglich.

Und natürlich war es auch in der Phase des Aufbaus ein vergleichsweise großes Investment, als sich mein Vater im Jahr 1964, kurz nach Eröffnung der eigenen Kanzlei, einen nagelneuen roten Volvo zulegte. Entsprechend heikel – wie der gelernte Altösterreicher sagen würde – ging er damit um. Was auch ich als Dreijähriger alsbald leidvoll erfahren sollte. Und wodurch ich, zugegebenermaßen in einer selten radikalen Form, eine ganz andere und weder damals noch heute ins Bild passende Seite meines Vaters kennenlernte.

Ich bin mir allerdings nicht ganz sicher, wie viel von diesem Bild reale Erinnerung ist oder die Verbildlichung von Erzählungen.

Ich spielte jedenfalls an einem Sommertag allein im Garten des Hauses, in dem sowohl Privatwohnung als auch Anwaltskanzlei angesiedelt waren. In der Einfahrt stand der neue, blank polierte rote Volvo. Der war logischerweise auch für mich ein Objekt der Begierde und von größtem Interesse. Da ich mich gerade in einer frühkindlich-intensiven Kreativphase befand, hielt ich die wunderschöne rote Motorhaube für eine prädestinierte Gestaltungsplattform. Und griff daher zu einem kreideähnlichen Stück spitzen, weißen Quarzsteins. Mit dem ich begann, die Frontpartie des Volvos in Ornamentform zu verzieren. Und erst damit aufhörte, als ich das Werk für vollendet und vorzeigbar hielt. Worauf ich freudestrahlend ins Büro meines Vaters lief, um ihm mitzuteilen, dass ich sein Auto bemalt hätte. Dieser Teil des Ablaufs stammt sicher aus den sehr plastischen Erzählungen meiner Mutter. Die auch darlegte, dass ich zwei oder drei Anläufe nehmen musste, bis mein Vater mich, knapp über den Rand seines Schreibtisches reichend, überhaupt registrierte.

Was dann folgte, war Erstaunen, Erschrecken, Panik seinerseits – und eine ebenso hirnlose wie schwer nachvollziehbare Bestrafungsaktion. Der Gefühlsausbruch, den mein Vater dabei an den Tag legte, war und ist bis heute für mich unglaublich.

Er packte mich, der ich seinem Sturmlauf in den Garten mit eiligen Trippelschritten und noch immer strahlender Miene gefolgt war, brutal am Arm, schrie mich in einem Schwall von Enttäuschung, Wut oder Verzweiflung an, ergriff mich und trug mich in den Keller.
Ja, ein intelligenter junger Vater sperrt sein dreijähriges Kind in einen dunklen Keller, damit es dort ... was tut?! Wahrscheinlich in sich geht und erkennt!
Um es kurz zu machen, ich glaube nicht, dass ich großen psychischen Schaden erlitten habe. Meine temporär vorhandene Klaustrophobie würde ich dennoch in einen gewissen Zusammenhang mit dieser frühkindlichen Erfahrung bringen wollen.

Und um den Handlungsstrang abzuschließen, hier noch das Ende der Kurzgeschichte: Drängen, Weinen und Flehen meiner Mutter blieben wohl – ausnahmsweise – ohne Ergebnis. Erst als ich – und das ist eindeutig reale Erinnerung – begann, Weinflaschen gegen die Kellertür zu werfen, „erbarmte" sich mein Erzeuger und öffnete die Kerkerschleuse – wortlos. Ich weiß nicht, ob es daran lag, dass die Weinflaschen voll waren. Hätte er mich bei Leergut auch so schnell befreit?

Ich bin mir sicher, dass mein Vater diesen Ausraster, der absolut einmalig blieb, bereute. Wir haben später ein-, zweimal darüber gesprochen, entschuldigt hat er sich aber nie. Nun, Autofahren war nun einmal lange Zeit so etwas wie Genuss für meinen Vater. Wohl auch deshalb, weil er dabei zumeist ganz für sich war. Lonely cowboy on the road!

DER SEHR
BEDINGTE
GENUSSMENSCH

Herkömmliche Genüsse fielen meinem Vater schwer. Was auch nicht weiter verwunderlich ist. Ein genussbetonter Lebensstil war für die Mehrheit der Kriegskindergeneration undenkbar. Und wurde schon deshalb und auch in Ansätzen vermieden, weil man zu viel Genussstreben mit Verschwendungssucht und Luxusleben assoziierte. Beides Verdächtigungen, die man um jeden Preis für sich selbst vermeiden wollte. Diesbezüglich war auch mein Vater keine Ausnahme. „Bescheidener Luxus", so weit ließ er sich wortwörtlich auf etwas Genuss ein.

Der dann vor allem aus gutem Essen und, peu à peu, auch wirklich gutem Wein bestand, vorwiegend in den eigenen vier Wänden konsumiert. Zum Essen auszugehen, und dann vielleicht auch noch in teure Lokale, das war für Vater wie auch Mutter immer schon verpönt. Und wurde bei den Kindern auch im fortgeschrittenen Erwachsenenalter meist mit dezentem Kopfschütteln goutiert.

Bei anderen Themen, die meiner Generation im Sinne eines erfüllten Genusslebens oder steten Genussstrebens so wichtig erscheinen, war mein Vater, wie so viele andere aus seiner Generation, weitestgehend anspruchslos. Der erwähnte „bescheidene Luxus" äußerte sich bestenfalls im gelegentlichen Lustkauf einer dezent Paisley-gemusterten Krawatte oder in einem Theaterbesuch mit annehmbaren Sitzplätzen im Mittelfeld des Parketts. Was aber bestenfalls zweimal im Jahr vorkam. Am ehesten waren es Reisen, die mein Vater zunehmend als bewusstes Genusserlebnis definierte und für die er auch bereit war, überdurchschnittlich tief in die Tasche zu greifen. Im Gegensatz zu einigen seiner Zeitgenossen stapelte er aber auch damit eher tief, und es lag ihm fern, mit Urlauben in Amerika, Fernost oder Ozeanien zu prahlen. Dieses partielle Fernweh und seine grundsätzliche Reiselust entsprangen aber vor allem auch dem echten Bestreben, andere Kulturen, Gesellschaften und vor allem Menschen kennenzulernen.
Darin unterschied sich mein Vater von vielen Altersgenossen, die sich kaum und eher ungern aus dem deutschsprachigen Raum hinausbewegten, wenngleich sie es sich finanziell hätten leisten können.

Ich bin froh, dass er uns Kindern einiges mitgegeben hat, was Neugier und Entdeckerdrang betrifft. Auch wenn es bei mir nie für gemeinsame Überseereisen gereicht hat, so hat er mein substanzielles Fernweh sehr wohl gefördert, nicht zuletzt auch mit finanzieller Unterstützung zu Ausbildungszeiten. Danke, Papa!

DER ROTARISCHE FREUND

Ein eklatanter Widerspruch im Leben meines Vaters war die Tatsache, dass er trotz seiner grundsätzlichen Aversion gegen jede Art von Verein, Verband, Partei oder Konfession seit seinem dreiunddreißigsten Lebensjahr dem erzkonservativen örtlichen Rotaryclub eng verbunden war. Im Gegensatz zu Golfclub oder Fischereiverein, die er lediglich als Mittel zum Zweck betrachtete, war ihm diese Mitgliedschaft immer außerordentlich wichtig.

Er ließ sich sogar zweimal dazu „überreden", dem Club als Präsident zu dienen, und versäumte kaum ein Meeting oder eine Veranstaltung.

Unsere Kindheit war geprägt von Wochenenden und Urlauben im Kreis von Rotarierfamilien. Ärzte, Kleinunternehmer, Steuerberater und Beamte formten den Freundeskreis, der sich zu mehr als neunzig Prozent aus

Clubkollegen samt Anhang rekrutierte. In diesem Umfeld gab es eine ganze Reihe selbst ernannter „Freigeister", die höchst formidabel und oft auch quasi-philosophisch über ihren grenzenlosen Freiheitsdrang „schwadronieren" konnten, wie es mein Vater gerne auszudrücken pflegte. Die aber in dem, was sie uns Kindern damals vorlebten, das genaue Gegenteil verkörperten. Nämlich kleinstädtische, von unzähligen Stereotypen geprägte Eintönigkeit und vor allem ein deutliches Unvermögen, ihre eigenen hehren Ansprüche auch nur ansatzweise zu leben.

Natürlich fuhr man ab und an ins Theater der nur minimal aufgeschlosseneren Landeshauptstadt und ein- oder zweimal im Jahr auch nach Wien, um ein wenig „Hochkultur" zu schnuppern und den Kindern eine Minidosis städtischen Lebens vor Augen zu führen. Aber da man auch dort zumeist unter sich blieb oder die örtliche Verwandtschaft besuchte, die so gar nichts Weltläufiges an sich hatte, war der Erfahrungsgehalt überschaubar.

Mit neunzehn Jahren durfte ich im Rahmen des rotarischen Jugendprogramms an einer sogenannten Croisière für Studenten in die USA teilnehmen. Was mich einprägsam davon überzeugte, dass dieser Verein auch sinnvolle Dinge tat, und mein Gesamtbild von Rotary etwas veränderte.

Die Rundreise war großartig. Sie führte uns über fast zwei Monate in fünf US-Staaten, von New York über Michigan, Chicago und New Mexico bis nach Kalifornien. Und prägte in mancherlei Hinsicht einen Teil meines danach folgenden Studentenlebens. Wir wohnten dabei überwiegend bei amerikanischen Rotarierfamilien und nahmen an allen möglichen Clubveranstaltungen teil. Oft auch solchen, die nur uns zu Ehren organisiert wurden. Dabei fiel mir schnell auf, dass dieser Club in seinem Herkunftsland ganz anders geprägt war als in unserer obersteirischen Kleinstadt. Und zwar egal, ob wir in der Bay Area vor den Toren San Franciscos weilten oder in Rosewell, New Mexico, also jwd.

Die Treffen entbehrten jeglichen Oberschichtgehabes. Niemand schien sich auch nur das Geringste darauf einzubilden, Teil einer örtlichen Elite zu sein. Und während in Österreich Akademiker, Unternehmer und leitende Beamte die absolute Mehrheit in den meisten Clubs darstellten, war die Berufsmischung in allen Clubs, die wir in den USA besuchten, ungleich vielfältiger. Die soziale Komponente, qua Statuten ja eigentlich der Nukleus von Rotary, stand hier tatsächlich und offensichtlich an erster Stelle, die intellektuelle Auseinandersetzung und Diskussion war zwar auch von Bedeutung, aber sekundär. Das war eine interessante Erfahrung, da sie mir noch deutlicher machte, wie sehr ich mich zeit meines Aufwachsens in einer Umgebung bewegt hatte, die extrem eng und limitiert war. Fokussiert auf die Teilnahme an einem klar definierten lokalen Gesellschaftsleben, auf beruflichen Erfolg und auch auf Abgrenzung. Und das alles trotz des immer wieder deklamierten väterlichen Bekenntnisses zu Freiheit und Weltoffenheit. Was für eine Kluft! Nicht nur zwischen Kalifornien und der Steiermark, auch zwischen Anspruch und Wirklichkeit.

DER NATURBURSCHE

Im Sommer nach dem Tod meines Vaters habe ich einen Vorsatz verwirklicht, den ich am Tag der Urnenbestattung in der obersteirischen Industrie-Geisterstadt, seinem Geburtsort, gefasst hatte: Ich bin, in Begleitung meines Schwagers und meiner Neffen, auf den „Hausberg" meines Papas gestiegen. Nichts Dramatisches. Knappe zweitausend Meter hoch, ein wenig eher unspektakuläre Kletterei. Aber mehrfach außergewöhnliche Aussichten auf die markante Industrie-Ikone des steirischen Erzbergs auf der einen und den smaragdgrünen Leopoldsteinersee auf der anderen Seite.

Mein Vater hat uns Kindern bei fast jedem der regelmäßigen Friedhofsbesuche (zumeist zu Allerheiligen) von seinen Jugendabenteuern auf und um diesen Berg herum erzählt. Was bei bewusster Betrachtung schon etwas merkwürdig war, da er uns ja sonst kaum etwas über diese Zeit mitzuteilen bereit war. Und wenn, dann nicht in diesem durchaus begeisterten Tonfall.

Der Berg muss so etwas wie ein permanenter Rückzugsort für ihn gewesen sein. Ich erinnere mich gut daran, dass er, ohne natürlich den Begriff jemals zu verwenden, mehrfach darüber sprach, dort absolute Ruhe im Sinne dessen gefunden zu haben, was ich heute als Meditation bezeichnen würde. Mindestens einmal pro Woche sei er auf dem Gipfel gewesen und habe dort oft stundenlang allein gesessen und „sinniert".

Spätestens ab meinem fünfzehnten Lebensjahr wäre ich sehr bereit gewesen, diese Begeisterung für Natur und Berge mit ihm zu teilen, zumal ich damals auch im Freundeskreis viel Zeit im Gebirge verbrachte. Aber das war nicht unbedingt, was mein Vater wollte. Irgendwie schien er insbesondere diesen Berg als seinen ganz persönlichen Ort der Erfüllung auserkoren zu haben und zeigte keinerlei Interesse, etwas davon mit seinen Kindern zu teilen.

Ähnliches war auch in anderen Situationen immer wieder zu spüren, wie zum Beispiel bei einer anderen großen Leidenschaft meines Vaters, dem Fliegenfischen. Es bedurfte schon des vehementen Drängens meinerseits, um ihn dazu zu bringen, seinen Sohn in die Geheimnisse dieses Erlebnisses und Sports einzuweihen. Was er dann auch ausgesprochen oberflächlich und lieblos tat. Nach dem zweiten gemeinsamen Ausflug war seine Geduld offensichtlich erschöpft. Zumal ich das Fliegenfischen (was auch in Fachkursen locker eine Woche dauert) bis dahin nicht einmal ansatzweise gelernt hatte.

Er hatte nichts dagegen, wenn ich mit meinen Freunden sein persönliches Fischgewässer mit einem banalen Blinker oder sogar mit Wurmködern plünderte. Aber seine ganz persönliche Freude oder sogar Erfüllung zu teilen, das konnte und wollte er nicht zulassen. Geschweige denn mit Geduld und Einfühlungsvermögen ein verständnisvoller Lehrer sein, um dem Sohn dieses Erlebnis irgendwann zu erschließen. Viel lieber stand er einsam, ganz im „lonely cowboy"-Stil, mitten im Fluss und genoss das Rauschen des Wassers und die Stille drum herum.

Es scheint mir ein typischer Charakterzug von Vätern aus der Generation der 30er-Jahre zu sein, ihre Kinder ganz bewusst nicht mit welchen Vorlieben auch immer zu infizieren. Das haben mir viele Altersgenossen über die Jahre hinweg bestätigt, beziehungsweise war es bei etwas Einblick in deren Familienleben deutlich erkennbar. Ein markanter und grundsätzlicher Unterschied zu den Eltern der Millennials.

Wobei – repräsentativ ist diese Aussage bei etwas Nachdenken nicht. Es gab auch in dieser Vätergeneration ein gewisses Quantum an „Freizeitoffizieren", die ihre Sprösslinge manifest und sogar drillartig bis militärisch vom grandiosen Erlebnispotenzial mehrstündiger Bergtouren oder täglichen Fußballtrainings überzeugen wollten. Aber es war eine Minderheit. Die berühmt-berüchtigten Sportväter und -mütter sind wohl eher eine Erscheinung meiner Generation.

Was die Bergleidenschaft betrifft, gab es witzigerweise sehr spät in meines Vaters Leben dann doch noch eine

Gelegenheit, dieses Erlebnis für mehr als einen Nachmittag mit ihm zu teilen. Zwar handelte es sich dabei eher um Spaziergänge kontemplativer Art als um Bergtouren, was angesichts seines überschrittenen achtzigsten Geburtstags nicht weiter verwunderlich war. Dennoch hat ein bestimmtes Wochenende in Südtirol – gemeinsam mit seinem Lieblingscousin Erich – eine sehr bewegende Note für mich besessen. Ich kann noch heute spüren, wie angenehm und harmonisch diese Tage sich anfühlten. Was mir auch bewusst machte, wie schön solche Erfahrungen schon viel früher im Leben hätten sein können. Bereichernd für Vater und Sohn. Ein Bild aus diesen Tagen steht bis dato in der kleinen Sammlung von Familienerinnerungen in unserem Haus.

DER BLUTSBRUDER

Mein Vater hat nie ein Hehl daraus gemacht, dass er nicht allzu viel mit verwandtschaftlichen Banden und Verpflichtungen anfangen konnte. Er begegnete der eigenen stets höflich, aber mit merkbarer Zurückhaltung und teilweise auch mit einer dezenten Überheblichkeit. Bei den Angehörigen der Mutterseite ließ er das Dezente manchmal weg. Der Spruch „Seine Verwandtschaft kann man sich nicht aussuchen" hätte von ihm stammen können. Und wenn meine Mutter nicht auch in dieser Hinsicht ganz andere Ansichten gepflegt hätte und jederzeit bereit gewesen wäre, sie durchzusetzen, hätten wir unsere ohnehin wenigen Cousins und Cousinen ersten wie zweiten Grades wahrscheinlich nie kennengelernt.

Dabei gab es aber zwei deklarierte Ausnahmen. Beide waren Cousins meines Vaters. Und der Grund dafür war früher oder später klar ersichtlich. Beide, im Übrigen nicht miteinander verwandt, verband eine ähnliche Einstellung zu den Themen Freiheit und Unabhängigkeit. Dass sie diese ganz und gar unterschiedlich interpretierten und lebten und sich meines Wissens gegenseitig kaum kannten, spielte dabei keine Rolle. Der eine, deutlich ältere Cousin war aktiver Kriegsteilnehmer, schwer verwundet zurückgekehrt und ein durchaus vehementer Vertreter der Disziplinfraktion. Aber er war auch überzeugter Selbstständiger und hasste jedwede politische Polarisierung.

Der andere Cousin im Alter meines Vaters, er heißt Erich, war trotz eines sehr klar manifestierten politischen Bekenntnisses und trotz der Tatsache, dass er sich lange Jahre auch aktiv politisch betätigte, so etwas wie ein „Bruder im Geiste" meines Vaters. Er war wahrscheinlich der einzige Mensch im familiären Umfeld, dem mein Vater bis zum Ende wirklich vertraute. Und ihm auch einiges von dem „anvertraute", was er zu teilen bereit war, mit dem er aber sein direktes Umfeld, sprich vor allem seine Kinder, nicht „belasten" wollte. Und schon gar nicht seine Frau Gemahlin.

Erich hat, wie er mir erzählte, meinen Vater im Alter von fünfzehn Jahren unter widrigsten Umständen dazu motiviert, ein Gymnasium zu besuchen. Und es dann auch – sogar durch persönliche Einschränkungen und mithilfe seiner Mutter – möglich gemacht, dass mein Vater Abitur und Studium überhaupt absolvieren konnte. In dieser Zeit, die sie zu großen Teilen gemeinsam verbrachten, haben sie trotz wahrscheinlich bald erkennbarer Unterschiede in den

Lebenszielen eine weitgehende Harmonie auf Basis der gemeinsamen Wertschätzung freien Denkens und Handelns entwickelt. Was natürlich ebenso logisch dazu führte, dass meine Mutter, die erst zu einem Zeitpunkt in Erscheinung trat, als sich die Lebenswege der beiden schon unterschiedlich entwickelt hatten, dem Cousin gegenüber stets ein eher skeptisches Verhalten an den Tag legte. Dieses hielt bis zu den letzten Lebenstagen meines Vaters an. Und eigentlich auch darüber hinaus. Gerade am Ende verspürten die beiden Cousins nämlich ein großes Bedürfnis, sich zu sehen und über ganz persönliche und wohl auch über sehr grundsätzliche Dinge zu sprechen. Was meine Mutter nur sehr bedingt verstehen und akzeptieren konnte. Wie enervierend das für meinen Vater in seinem Zustand der letzten Tage gewesen sein muss, kann ich mir bestens vorstellen. Zumal Mutter auch jene kurzen Zeiten zu boykottieren versuchte, die ich selbst mir in diesen Tagen für ganz stille oder leise gesprochene Dialoge mit Papa zu reservieren suchte. Natürlich begründete sie auch dieses Verhalten mit ihrer unendlichen Sorge und der unbedingt notwendigen Zuwendung, die sie meinem Vater gerade jetzt angedeihen lassen wollte. Nicht einmal der einzige Arzt, der so etwas wie ein rudimentäres Vertrauen ihrerseits genoss, konnte sie davon überzeugen, dass mein Vater ihre Vierundzwanzig-Stunden-Präsenz weder brauchte noch wollte. Aber was blieb ihm schon groß übrig, als sich diesem Schicksal, wie schon all die Jahre zuvor, demütig zu fügen?

Ich weiß, dass ich in dieser Thematik besonders empfindsam erscheine und sicher auch bin. Man könnte ja auch einfach darauf hinweisen, dass eine häusliche und familiäre Vormachtstellung der Frauen diese Generation ganz generell kennzeichnete und meine Familie so gesehen keine Ausnahme machte. Aber ich bin einfach überzeugt, dass es nur wenige Familien gab, in denen der Spagat so breit ausfiel.

Aber zurück zu Erich, dem Blutsbruder vulgo Cousin. Zeitlebens Single, jahrzehntelang in einer Wohngemeinschaft mit der fast gleichaltrigen Schwester Rosi, niemals im Verruf, irgendeiner monetären Verheißung hinterherzulaufen, und deshalb auch kontinuierlich am Rande der Armut. Aber wahrscheinlich der einzige Mensch, zu dem mein Vater in gewisser Weise mit einem zumindest ansatzweise neidischen Blick – ja, aufsah.

Denn er hatte sich zu guten Teilen das in Reinform bewahrt, was mein Vater wissentlich und gezielt seinem Familiensicherheitswunsch frühzeitig geopfert hatte. Intellektuelle UND persönliche Freiheit in gleichem Maße.
Jedenfalls ist es sicherlich kein Zufall, dass diese verwandtschaftliche Verbindung für meinen Vater zeit seines Lebens bei Weitem die wichtigste war. Und es ist wohl genauso wenig ein Zufall , dass derselbe Mensch auch für mich in den letzten Jahren die bedeutendste Bezugsperson im ganzen Verwandtschaftsreigen geworden ist.
Dabei war auch und vor allem in der zweiten Lebenshälfte meines Vaters diese Beziehung eine sehr ruhige, primär freundschaftliche, die Positionen in politischer und gesellschaftlicher Hinsicht klar abgesteckt und guten Teils sehr different.

Irgendwann jenseits der Siebzig begannen die beiden Cousins, sich einmal im Jahr zu einem verlängerten Wanderwochenende in Südtirol zu treffen. Ich hatte einmal das große Vergnügen, einer solchen Begegnung für drei Tage beiwohnen zu dürfen. Unterwegs mit den beiden stellte ich fest, dass sie sich die Fähigkeit bewahrt hatten, sich ohne jegliche Wertung in ihrer jeweiligen Rolle, aber auch im Bewusstsein gemeinsamer Kernwerte außerordentlich liebevoll und zugleich sehr gescheit zu begegnen. An dieser Stelle würde mich mein Vater jetzt garantiert maßloser Übertreibung und geschraubter Wortwahl bezichtigen, aber sei's drum. Detailverliebtheit und sprachliche Empathie waren seine Sache nicht.

Jedenfalls war es beruhigend und höchst erfreulich, zu sehen, wie ausgeglichen, ruhig und selbstähnlich mein alter Herr noch immer war, wenn er in einer Umgebung weilte, die ihn ganz und gar sich selbst sein ließ. Und dafür, dass Cousin Erich ihm Anlass und Sparringspartner dazu war, war er ihm unendlich dankbar.

Was die stete Zurückhaltung meines Vaters gegenüber anderen Verwandten betrifft, hat diese eine nachvollziehbare Ursache. Mein Vater hatte zwar zwei Brüder, ist aber praktisch als Einzelkind aufgewachsen. Ich gehe nach all den immer eher vagen Äußerungen seinerseits heute davon aus, dass vor allem sein älterer Bruder in frühester Kindheit eine starke Bezugsperson für meinen Vater gewesen war. Sein Verlust – er starb in russischer Kriegsgefangenschaft – hat mit Sicherheit Spuren hinterlassen, vor allem was die Fähigkeit familiärer Empathie betrifft. Dazu kam, dass der jüngere Bruder, zu dem mein Vater wohl nie ein wirklich enges Verhältnis gehabt hatte, zumal er als Kleinkind bei Verwandten aufgewachsen war, kurz nach der Heirat meiner Eltern praktisch verschwand. Erst Jahrzehnte später gab es Lebenszeichen von ihm, die aber beide Eltern nicht bereit oder in der Lage waren, konsequent zu verfolgen. Weshalb auch ich erst wieder von diesem Bruder hörte, als seine Urne in meiner Heimatstadt eintraf, die dann auf ausdrücklichen Wunsch der Eltern im Familiengrab der alten Bergwerksstadt ihren Bestimmungsort fand. Ich hatte in den sehr seltenen Momenten, in denen die Sprache auf diesen Onkel kam, stets den Eindruck, dass mein Vater von Zweifeln, wenn nicht sogar einem schlechten Gewissen geplagt wurde. Vor allem, nachdem zumindest ansatzweise durchdrang, dass der jüngere Bruder ein sehr mühsames, von Armut und Kränklichkeit gezeichnetes Leben in Deutschland geführt hatte. Dass er sich allem Anschein nach auch dauerhaft einen anderen Vornamen als seinen eigenen – Horst – gegeben hatte, dürfte die Zweifel noch verstärkt haben. Denn es war mein Vorname.

SCHWEIGEN IST GOLD

Schon witzig, wenn der Lieblingsspruch eines Anwalts, der jederzeit – in und auch außerhalb von Gerichtssälen – wortstark deklamieren konnte, dieser tradierte Einzeiler war. Und er meinte das auch so. Reden war gut, um das profane Silber des Geldverdienens zu fördern. Aber gezieltes Schweigen eine wahre Kunst im Leben.

Dabei war mein Vater ein durchaus begabter Smalltalker, sobald er sich einmal dazu aufgerafft hatte. Was nicht allzu oft, aber doch, vorkam. Und dass er sich bei öffentlichen Anlässen mit Reden oder Trinksprüchen eher zurückhielt, das war vielleicht auch der Tatsache geschuldet, dass er sich in diesen Fällen seiner manchmal arroganten Wirkung bewusster war, als er es sonst zugeben wollte.

Den Lieblingsspruch meines Vaters habe ich in vorauseilendem Gehorsam zumeist so interpretiert, dass ich darauf achten sollte, kein „Blablabla" in die Welt hinauszublasen. Sondern erst dann den Mund aufzumachen, wenn ich vorher die grauen Zellen ausreichend in Anspruch genommen hatte. Was ja per se nichts Schlechtes ist. Allerdings war das, was mein Vater gerne als Blablabla bezeichnete und somit auch abtat, oft Definitionssache. Zumindest aus meiner Perspektive. Denn seine persönliche Blablabla-Schwelle war stets ziemlich schnell erreicht. Vor allem dann, wenn sich jemand aus seinem unmittelbaren Umfeld darin versuchte, Gefühle, Stimmungen oder deren Schwankungen zum Ausdruck zu bringen. Dann konnte man a priori damit rechnen, binnen Sekunden des Blablablas bezichtigt zu werden. Was natürlich dazu führte, dass man auf dergleichen zunehmend verzichtete. Allen voran meine Schwester und ich. Denn interessanter- oder vielleicht sogar logischerweise war unsere Mutter so gut wie nie derartigen Anschuldigungen ausgesetzt. Was für mich zumindest eine Zeit lang und vor allem als Heranwachsender besonders frappierend war, da sie meiner Ansicht nach mehr oder weniger permanent Blablabla von sich gab und auch nicht davor zurückschrak, ihre Gefühlslage mindestens familienintern coram publico und in endlosen Wiederholungen zu beschreiben.

Also Schweigen. Wie seinerseits von frühester Kindheit geübt und wohl auch als absolutes Erfolgs- und Überlebenskriterium erkannt. Deshalb wurde dieser Spruch wahrscheinlich auch zu einer Generationenweisheit erster Klasse. Im Zweifelsfall schweigen. Alles andere kann Probleme verursachen. Bei Vorgesetzten, Nachbarn, bei Vätern und Müttern und bei Kindern sowieso. Und was gibt es auch schon Großartiges zu erörtern, wo doch das eigene Schicksal mit seinen paar lapidaren Herausforderungen geradezu lächerlich ist im Vergleich zu jenem der Eltern und Großeltern.

Apropos: LAPIDAR. Das ist so etwas Ähnliches wie Blablabla. Bei meinem Vater war ganz schnell etwas lapidar. Also etwas, worüber man keine großen Worte verlieren sollte, weil es im Vergleich zu den wahren Lebensherausforderungen der Ahnen völlig nebensächlich und nicht wirklich erwähnenswert war. Und ganz besonders lapidar war praktisch alles, was mit Gefühlen oder Seelenzuständen zu tun hatte. Und ganz und gar lapidar war all dies, wenn es von Männern – ganz egal welchen Alters – kam. Grundschüler inkludiert. Frauen, nun ja, man muss ja nicht auf alles eingehen! Und wenn es sich nicht vermeiden lässt, kann man ja kurzfristig minimale Aufmerksamkeit heucheln und – schweigen. Dann ist es zumeist auch schnell wieder vorbei.

Mein Vater beherrschte unterschiedliche Arten des Schweigens. Da war das Schweigen des Erziehers, der sich sofort aus der Schusslinie nahm, wenn es darum ging, eventuell sensible Themen zu erörtern. Dieses Schweigen erfolgte zumeist durch einfachen, physischen Rückzug. Dann gab es das demonstrative Schweigen, vorzugsweise durch das Heranziehen einer großformatigen Zeitung in Anwesenheit der ganzen Familie zum Ausdruck gebracht. Und es gab das Schweigen, das die Aufforderung in sich trug, es ihm gleichzutun, und oft mit einer massiven Erhöhung des Lautstärkenreglers am Fernseher oder Radio verbunden war.

NÄHE HEMMT.
DISTANZ
VERBINDET.

Als die junge rumänische Pflegerin Roxana, die meinen
Vater an der Seite meiner Mutter durch seine letzten
Wochen – sehr sensibel und zugleich bestimmt – begleitet hatte, wenige Wochen nach seinem Tod zurückkehrte,
um für einige Zeit meine Mutter – mehr als Gesellschaf-
terin und Chauffeurin, denn als Pflegerin – zu unterstützen, erzählte sie mir von den Gesprächen, die sie in
jenen Wochen mit meinem Vater geführt hatte, wenn
Frau Mama weit genug entfernt war. Ich war erst etwas
erstaunt über die offensichtliche Vertrautheit, mit der
mein Vater dieser jungen und gänzlich unbekannten Frau
begegnet war. Er hatte ihr Dinge erzählt oder sogar anver-
traut, die er meiner Schwester und mir wohl nicht sagen
konnte oder wollte. Aber da ich schon nach wenigen Tagen

ihrer Anwesenheit im Hause deutlich gesehen hatte, wie uneingeschränkt er Roxana akzeptierte, bis hin zu der notwendigerweise intensiven körperlichen Nähe, konnte ich durchaus nachvollziehen, dass er auch in anderer Hinsicht ihre Nähe zuließ, ja sogar suchte. Sie wusste über Sachverhalte Bescheid, die nur er ihr erzählt haben konnte und die auch sensible Themen im Kontext von Nachlass und Erbe betrafen. Und sie wusste um Zweifel und auch Ängste, die ihn in diesem Zusammenhang beschäftigt hatten.

Als ich diese Tatsache nach mehr als einem Jahr nur ansatzweise meiner Mutter gegenüber erwähnte, stieg ihr Blutdruck binnen Sekunden ins Unermessliche, und sie bezichtigte mich schreiend, mit derartigen Behauptungen das Gedenken an meinen Vater zu entehren. Denn er hätte niemals irgendetwas „Privates" einer „solchen Person" gegenüber erwähnt. Das wüsste sie mit absoluter Sicherheit, und wer solches behaupten würde, sei ein infamer Lügner. Denn SIE wäre in diesen Wochen IMMER, IMMER, IMMER bei meinem Vater gewesen.
Ich war versucht, darauf mit „ja, leider" zu antworten. Denn dies nicht ver- oder wenigstens behindert zu haben, ist genau das, was ich mir bis heute vorhalte. Zumal sogar der Arzt meiner Eltern am Ende meinte, dass er bei seinen Besuchen nur unter mentalem Schmerz hätte zusehen können, wie wenig Freiraum dem Sterbenden gewährt würde. Aber das gehört eigentlich in ein anderes Kapitel.

Was mir diese Geschichte einmal mehr vor Augen führte, war die Tatsache, wie schwer sich mein Vater dabei tat, echte Nähe seiner eigenen Familie zuzulassen beziehungsweise ihr solche zu gewähren, obwohl er sie offensichtlich sehr wohl geben und nehmen konnte, sobald er das Gefühl hatte, dass sie ebenso vertraulich wie unverbindlich erwidert wurde.

DER WELTBÜRGERNDE PROVINZADVOKAT MIT SOZIALER ADER

Der Ausdruck „Provinzadvokat" war natürlich Koketterie und als solche eine Dauerfloskel meines Vaters. Und doch steckte in ihm ein gutes Stück Wahrheit. Grundsätzlich war der Weg vom völlig mittellosen Sohn eines inhaftierten Nazimitläufers zum angesehenen Kleinstadtanwalt in den 60er-Jahren des letzten Jahrhunderts ein recht beachtlicher Aufstieg Marke Wirtschaftswunder. Dennoch hatte ich immer wieder das leise, aber deutlich spürbare Gefühl, dass mein Vater in dieser Rolle und an diesem Ort – zumindest als berufliche Endstation – nicht ganz freiwillig gelandet war. Noch während seines Studiums hatte er lange Zeit in einem schwedischen Bergwerk gearbeitet. Und wann immer die Sprache darauf kam, konnte man seine Augen leuchten sehen, auch und besonders dann, wenn er eher beiläufig erwähnte, auch schwedische Mädchen gekannt und geschätzt zu haben. Nach der Promotion konnte mein Vater ein damals einzigartiges internationales Postgraduate-Programm in Salzburg besuchen, von dem er sehr oft erzählte, vor allem weil es seinen Horizont ungemein erweiterte und ihn überlegen ließ, eine Zeit lang ins Ausland zu gehen. So, wie dies dann sein Cousin und „Blutsbruder" Erich tat, der am Europa-College in Brügge studierte. Worum ihn mein Vater erklärtermaßen beneidete. Das primäre Problem bei all seinen Auslandsambitionen war wohl, dass er zu diesem Zeitpunkt bereits meine Mutter kannte und bald mit ihr verlobt war. Sie hatte mit Ideen wie jenen von Cousin Erich nichts am Hut. Zumal sie sehr an ihren Eltern hing und eine wohl recht klare Vorstellung von Heim und Herd hatte, die sie kaum zur Disposition gestellt hätte. Was die Sache dann auch für meinen Vater einfacher machte.

Also Ziel Provinzadvokat, was er mit großer Konsequenz, mit Fleiß, Können und Beharrlichkeit verfolgte. Und mit der verlockenden Aussicht, auf Dauer sein eigener Herr sein, gut verdienen und – in drastischem Gegensatz zu seinen Vorfahren – ein ruhiges und harmonisches Familienleben führen zu können. Harmonisch in seinem Sinne.

Irgendwann in den ersten Jahren der Selbstständigkeit – ich erinnere mich sehr vage an Erzählungen – überlegte er noch einmal, zumindest einen Schritt weiterzugehen und in eine Stadt zu ziehen, die, aus welchen Gründen auch immer, zu seinen Lieblingsorten zählte. Nach Meran. Aber dazu waren ihm – wahrscheinlich zum Wohlgefallen meiner Mutter –die bürokratischen Hürden zwischen Österreich und Italien schlussendlich zu hoch. Womit endgültig klar war, dass wir Kinder in der kleinbürgerlichen Spießigkeit einer obersteirischen Provinzstadt aufwachsen würden. Was im Übrigen nichts über Meran aussagt. Übermäßig urban wäre es da sicherlich auch nicht zugegangen.

In mindestens einer Hinsicht aber hatte das Provinzleben keinerlei Einfluss auf meinen Vater: Der Gefahr, selbst kleinbürgerlich oder kleinkariert zu werden, entkam er vortrefflich.

Denn er übte seinen Beruf nicht nur mit großer Leidenschaft aus. Sondern, und das war nicht unbedingt die Regel in jener Zeit und an diesem Ort, auch mit einem stets sehr aufmerksamen Blick auf wahre Gerechtigkeit einerseits und auf Menschen, die bedürftig und vom Schicksal missachtet waren, andererseits.

Ich habe als Kind und Jugendlicher nicht allzu viel von seinem Beruf mitbekommen. Woran man auch sieht, dass eine Begeisterung seiner Kinder fürs eigene Tun keine sonderliche Priorität hatte.
Was ich dann aber doch bewusst mitnahm, waren seine regelmäßigen Einlassungen zu der Tatsache, dass aus seiner eigenen Sicht Recht keineswegs immer zu Gerechtigkeit führt. Diese Erkenntnis war keine Kapitulation. Sie war eher Ansporn für ihn, seine Fähigkeiten dazu zu verwenden, diese Diskrepanz wo immer möglich etwas zu reduzieren. Nach Möglichkeit deshalb, weil er als Anwalt

natürlich immer wieder in die Lage kam, Menschen aus Situationen herauszuholen, in die sie ganz und gar nicht unverschuldet geraten waren. Umso mehr begeisterten ihn jene Fälle, in denen er die Chance hatte, unschuldig zum Handkuss gekommenen Klienten zu wahrem Recht zu verhelfen. Ganz besonders intensiv wurde sein Engagement immer dann, wenn es um Menschen ging, die offensichtlich auf der Schattenseite der Konsumgesellschaft gelandet waren. Dann vertrat er auch schon einmal ohne Honorar, selbst wenn Vater Staat nicht einsprang. Diese Einstellung versöhnte mich – vor allem als fortgeschrittenen Jugendlichen – mit vielem, was wir auf der anderen Seite an Spießbürgerei und Kleinkariertheit in unserer Umgebung offeriert bekamen.

Was ich bis heute nicht so richtig verstehen kann, ist die Tatsache, dass mein Vater, der bei aller parteipolitischen Zurückhaltung offensichtlich ein politisch hochinteressierter Mann war, auch diese Passion nicht zu teilen bereit war. Ob aktuelles internationales Geschehen, Aufarbeitung miterlebter Zeitgeschichte oder gesellschaftspolitischer Diskurs. Bücher, Zeitschriften, Zeitungen. Unser Wohnzimmer war voll damit. Aber abgesehen von manchen Dialogen mit zwei oder drei rotarischen Freunden, die er intellektuell als halbwegs ebenbürtig betrachtete, schien er nie bereit zu sein, sein Wissen oder seine Ansichten nach außen zu kommunizieren. Auch nicht in meine Richtung, obwohl ich schon als Zwölfjähriger Geschichte und Geografie als erklärte Lieblingsfächer bezeichnete und liebend gerne mehr über vieles erfahren hätte, was dieser belesene Vater ganz leicht hätte vermitteln können.

Was ich an seinem Verhalten bis heute nicht verstehe, ist vor allem, dass er trotz seiner stets präsenten Aversion gegen provinzielle, halb gebildete Lehrer keinerlei Drang zu verspüren schien, seine Kinder zumindest ansatzweise mit seiner Weltoffenheit zu infizieren. Er ließ uns also sehenden Auges in einem Provinzkaff und einer auch aus seiner Sicht nicht einmal mediokren, von superprovinziellen Lehrern durchsetzten Schule intellektuell verdursten oder zumindest aufs Schlimmste darben.

Kann das auch daran liegen, dass diese Generation Kinder im Allgemeinen nicht ernst genommen hat? Kinder waren als Gesprächspartner nicht auf Augenhöhe. Man hat sie im Restaurant auch nicht gefragt, was sie essen möchten. Kinder waren eine andere Spezies, mit der sich Erwachsene und vor allem Väter zumeist nicht ernsthaft zu unterhalten bereit waren.

Nicht anders verhielt er sich, wenn es um Kunst und Kultur ging. Wobei, so viel Objektivität muss sein, er selbst in diesen Disziplinen auch nicht immer auf sicherem Terrain agierte. Bis auf maximal zwei jährliche Besuche von irgendwelchen Kultureinrichtungen kann ich mich nicht erinnern, in Kindheit und Jugend ernsthaft animiert worden zu sein, mich mit kulturellen Themen jenseits des Schulunterrichts auseinanderzusetzen. Womit ich aber keine Ausnahme war. Solche gab es in meiner Umgebung ganz wenige. Und wenn, dann waren dies Freunde oder Mitschüler aus Musiker- oder Lehrerfamilien.

DER
ARROGANTE

Ich gebe es unumwunden zu. Ich weiß genau, dass ich mir diese Eigenschaft lange Zeit mit meinem Vater geteilt habe. Wenn ich sehr gnädig mir selbst gegenüber sein will, dann könnte ich behaupten, dass eine gewisse, primär altersbedingte Reduktion arroganter Wirkung bei mir früher eingesetzt hat als bei ihm. Aber das wäre zum einen sehr subjektiv und zum anderen marginal.

Was dazu kommt, ist die Tatsache, dass wir beide ewig davon überzeugt waren, dass dies gar nicht zutreffe, dass es nur eine schräge Wahrnehmung unserer familiären Umgebung sei. Nein, Kunden, Klienten, Freunden oder Mitarbeitern gegenüber seien wir nie und nimmer arrogant oder schulmeisterlich unterwegs.
Nur weil ich in diesem Fall aus eigener Erfahrung sprechen kann, weiß ich, dass mein Vater das wahrhaftig genauso

wahrgenommen hat. Er wollte niemanden klein machen, niemanden belehren und niemanden bevormunden. Nein, er sprach lediglich Fakten aus. Und wenn diese Fakten die Aussagen eines Mitmenschen konterkarierten, dann war das ganz sicher keine Arroganz, sondern einfach richtig versus falsch. Zumindest all jenen gegenüber, die nicht das Privileg hatten, zur Verwandtschaft zu gehören. Bei der, nun ja, da könnte sich schon manchmal eine leichte Übertreibung eingeschlichen haben, die zumindest bei etwas bösem Willen auch als Arroganz interpretierbar gewesen wäre. Eventuell.

Dabei gab es quasi ein Totschlagargument, das ich traurigerweise auch überproportional in meinen Sprachschatz aufgenommen habe: „So ein Quatsch!" Spätestens wenn das gefallen war, wurde es immer deutlich ruhiger in den verwandtschaftlichen Diskussionsrunden, und vor allem meine nicht akademisch gebildeten Onkel und Tanten büßten merkbar an Beitragsfreude ein. Was Papa wiederum ebenso merkbar nicht allzu sehr störte. Zumal er ausufernde Runden dieser Art ohnehin nicht sehr schätzte. Oder, präziser ausgedrückt, nicht ausstehen konnte. Deshalb glaube ich fürwahr, dass er zumindest bei diesen Gelegenheiten Arroganz ganz bewusst als Waffe einsetzte. Natürlich nur zur Selbstverteidigung.

Ansonsten war diese mehr oder weniger unbewusst auftretende Arroganz wohl primär Teil des persönlichen Schutzschilds gegen unzulässige Versuche, in die wahre Gefühlswelt meines Vaters einzudringen.

Wie ging es in meines Vaters tieferem Inneren wirklich zu? Diese Frage beschäftigt mich bis heute. Denn es ist mir bei all diesen Schutzmechanismen stets außerordentlich schwergefallen, dies auch nur ansatzweise zu erfühlen. So gesehen, ist diese „Analyse" wohl in erster Linie ein mehr oder wenig verzweifelter Versuch der posthumen Ergründung seines Innenlebens. Wie groß waren die Selbstzweifel an einem so manifestierten Lebenskonzept? Wie bewusst war ihm, dass er sich in essenziellen Werten, die er für sich deklamierte, regelmäßig widersprach? Ich weiß es nicht. Was ich aber weiß, ist, dass es mir in vielen Situationen geholfen hätte, zu wissen und von ihm bestätigt zu bekommen, dass Zweifel etwas ganz Normales, etwas Notwendiges sind, um weiterzukommen, um eine Persönlichkeit zu entwickeln. Ein Vater, der zumindest aus Sicht eines Schulkinds und Jugendlichen via Schutzmechanismen tatsächlich und im wahrsten Sinne des Wortes über jeden Zweifel erhaben schien, war diesbezüglich eher kontraproduktiv.

Aber dieses Phänomen des Aufbaus und Erhalts eines vielschichtigen Schutzschirms gegen die Berührung von Emotionen und das Aufwühlen von Gefühlen, das ist und war nach all meinen Erfahrungen ein weitverbreitetes Männerphänomen in der Generation meines Vaters. Unterschiedlich ausgeprägt natürlich, aber omnipräsent. Und es führte und führt zu beinahe ebenso verbreiteten Folgewirkungen in der Kindergeneration.

Denn die Erkenntnis, dass dieses Manko an Wärme, Nähe und Offenheit nicht unbedingt zur Ausgeglichenheit, Sicherheit und somit einer „mens sana"- Förderung (wie es mein Vater am ehesten ausgedrückt hätte) beiträgt, ist nicht schwer zu gewinnen. Also entstehen logisch folglich Muster und Strategien, wie dem im eigenen Verhalten anderen und sich selbst gegenüber zu begegnen sei. Bewusst, aber sicherlich noch viel öfter unbewusst. Und die in diesem Zusammenhang primär betroffenen „anderen" sind aus Sicht der Söhnegeneration natürlich erst einmal Frauen aller Art.

FRAUEN-BESCHÜTZER VERSUS FRAUEN-VERSTEHER

Mein Vater und die allermeisten Männer seiner Generation haben sich zeitlebens garantiert als Beschützer ihrer
Frauen verstanden. Verstanden haben sie diese ebenso
garantiert bestenfalls partiell. Aber das erschien ihnen auch
nicht wichtig, denn Männer- und Frauenwelten waren für
sie zwei verschiedene Planeten.

Der radikale Umschwung binnen einer Generation begann
spätestens mit der überbordenden Bedeutung, die die
Generation der „68er" jenen Gefühlswelten beigemessen
hat, die ihre Väter so konsequent zu ignorieren imstande
waren.
„Frauenversteher" war in meiner Jugend und frühen Ado-
leszenz ein ebenso gängiger wie polarisierender Begriff.

Und für eine gehörige Anzahl männlicher Altersgenossen eine Beleidigung erster Klasse. Doch für eine rasant wachsende Anzahl anderer Babyboomer ein durchaus begehrenswerter Titel, auch wenn man ihm nur bedingt und zumeist eher oberflächlich nahekam.

Aber es war (und ist) ein Begriff, der mehr als viele andere deutlich machte, wie fundamental der Wertewandel nicht nur in Bezug auf das „Thema Frauen" zwischen der damaligen Väter- und Söhnegeneration war. Nein, es ging darum, dass Männer keine Hemmungen mehr hatten, in ihrer Selbstwahrnehmung als mitfühlend oder einfühlsam dazustehen.

Leider ist auch das eines der vielen Themen, über die ich mit meinem Vater niemals gesprochen habe. Ich kann deshalb nur stark vermuten, dass er solche Überlegungen vehement als „Blablabla" abgetan hätte. Vor allem, weil er sich niemals auf das Risiko eingelassen hätte, so etwas Unbestimmbares und nur bedingt Kontrollierbares wie Gefühle zu einem Gesprächsthema mit seinem Sohn zu machen.

Ohnehin hatte er sicher das Gefühl, zumindest meine Mutter bestens zu verstehen. Sie wollte einfach Harmonie (nach ihrer sehr speziellen Definition) und vor allem die Kontrolle übers Familienleben. Beides hat er ihr immer gegeben, gewährleistet und jederzeit gegen alle Interventionsversuche verteidigt. Also hat er sie ja bestens verstanden!

Wenn man diese Gemengelage aus einer etwas anderen Perspektive betrachtet, was mir lange Zeit nicht leichtfiel, findet man ein Muster anderer Art, das bei vielen Frauen dieser Generation meiner Erfahrung nach häufig anzutreffen ist oder war. Sie haben, so wie meine Mutter auch, an der Seite ihrer eigenen Mütter eine zumeist schwierige Kindheit und Jugend erlebt, die sie – egal, wie aufwärtsgerichtet und friktionsfrei die Jahrzehnte danach verliefen – so tief und maßgeblich verinnerlichten, dass sie kaum mehr fähig waren, sich je wieder davon zu lösen. Traumata eben. Und ihre Männer, die ihrerseits alles versuchten, um die Vergangenheit abschütteln zu können wie ein zotteliger Hund das Wasser, in dem er unfreiwillig gebadet hatte, unternahmen schon deshalb nichts gegen diese ewige Rückwärtsgewandtheit, weil sie fürchteten, dass jede ernsthafte Auseinandersetzung damit ihre eigenen Wunden würde aufreißen lassen.

Die Kinder- und Jugendjahre meiner Mutter waren spätestens ab der Schulzeit geprägt von den politischen Wogen der Nazizeit, von einer permanenten Angst um den zuerst als Offizier eingerückten und später schwer erkrankten Vater, von Vertreibung und Flucht an der Seite ihrer Mutter mit zwei kleinen Brüdern im Schlepptau. Dann von Feldarbeit, einem halb erbettelten, halb unter großen eigenen Entbehrungen von Verwandten geschenkten Überleben im unmittelbaren Nachkriegsösterreich. Und schließlich auch von jahrelanger eigener Erkrankung, wohl auch als Folgeerscheinung dieser Strapazen. Diese zehn schweren Jahre waren bis zuletzt Begründung für fast alles, was es für meine Mutter im Zweifelsfall zu begründen und vor allem – ob mit oder ohne Anlass – zu rechtfertigen galt. Und diese zehn Jahre waren ganz offensichtlich auch für meinen Vater Grund genug, ihr auf immer und ewig seinen bedingungslosen Beistand zu garantieren, wenn es darum ging, sie vor Fragen und Einlassungen zu schützen, die dieses Konstrukt ewigen Mitleidsanspruchs hätte infrage stellen können. Denn um nichts anderes ging es dabei. Jeder und insbesondere ihre Kinder sollten, nein, mussten einfach akzeptieren, dass sie aufgrund dieser schweren Kindheit nicht fähig war, mit Kritik, mit Hinterfragungen, mit anderen Meinungen oder gar Lebenseinstellungen umzugehen. Was das Familienleben betraf, gab es also nur eine Wahrheit und Anschauung. Und das war ihre.

Da meine Mutter spätestens nach der Geburt meiner Schwester beziehungsweise meinem fünften Lebensjahr ausschließlich Hausfrau und Mutter war, konnte und durfte sie diese Allmacht auch uneingeschränkt und ohne größere Störeinflüsse über Jahrzehnte hinweg ausüben. Immer in der Gewissheit, dass mein Vater sich niemals ernsthaft einmischen würde, auch wenn er – wie sie durchaus wusste – ihre Weltsicht kaum teilte. Diese Art der „Arbeitsteilung" bei gleichzeitiger Vermeidung des Austragens quasi aller eventuell substanziellen Meinungsverschiedenheiten führte – natürlich neben den weithin bekannten wirtschaftlichen Zwängen – zu einer großen Stabilität der Ehen dieser Generation. Was selbige dann unisono zumeist als wichtige und positive Charaktereigenschaft zu betrachten geneigt war.

DER
MEDIENMENSCH

Unter diesem Begriff versteht man heute wohl in erster Linie Medienprofis, die ihre berufliche Erfüllung in der Branche suchen und manchmal sogar finden. Ich gehöre da zumindest am Rande auch dazu.

Mein Vater war eher ein Profi im Medienkonsum. Das begann mit einer tiefgehenden morgendlichen Analyse der konservativen Qualitäts-Tageszeitung. Am frühen Abend und über weite Strecken des Wochenendes waren diverse Magazine die Objekte seiner Begierde. Und abends, sowohl an Wochentagen wie auch am Wochenende, die Nachrichtenformate des zeit meiner Jugend noch monopolistischen Staatssenders ORF.

Und dann gab es natürlich auch noch Papa, den Bücherwurm, der stets ein, zwei oder drei zumeist recht dicke Wälzer zur Hand hatte. Philosophie, Geschichte, Politik, ganz egal, Belletristik aller Art. Ganz selten nur Klassiker.

Wahrscheinlich zu viel „Blablabla" für seinen Geschmack. Dafür gab es Sonntagabend zum Ausgleich den Fernsehkrimi der Woche.

Wenn man nun bedenkt, dass ein junger, aufstrebender Anwalt in den 60er- und 70er-Jahren des letzten Jahrhunderts mindestens sechzig berufliche Wochenstunden verzeichnete und lange Zeit auch bestenfalls zwei bis drei Urlaubswochen zusammenbrachte, dann lässt sich unschwer erfassen, wie viel Zeit für eine substanzielle Beschäftigung mit den Kindern, geschweige denn für valide Erziehungsbeiträge seinerseits blieb. Zumal er sich auch im Liegestuhl am Strand von Bibione oder Sibenik zumeist zwei große Zeitungsseiten als Sonnenschutz vors Gesicht hielt. In der einen Woche, in der er uns während diesen Urlauben mit seiner Anwesenheit beehrte. Die restlichen drei verbrachten wir jahrelang alleine mit der Mutter und – soweit ich mich erinnern kann – auch oft mit dem Kindermädchen.

Ich habe ihm das alles weder vorgehalten noch mich über die Tatsache an sich geärgert oder gegrämt. Und ich hätte ihm dieses Manko, das er, wie so viele Väter dieser Generation, in erster Linie (wenn überhaupt) mit der dringlichen Notwendigkeit des Erwerbs von familiärem Lebensunterhalt begründete, restlos verziehen. Wenn es nicht bedeutet hätte, dass er damit umso mehr die Begleitung und die Kontrolle meines Erwachsenwerdens ausschließlich in die Hände meiner Mutter legte. Das war einfach zu viel, um es gänzlich verzeihen zu können.

Zurück zum eigentlichen Thema des Kapitels – Medienmensch. Und damit zugleich eine kleine Korrektur, was die Erziehungsbereitschaft oder -fähigkeit meines Vaters betrifft. Denn auch wenn er nur selten konkret darüber gesprochen hat oder in einen Diskurs eingestiegen ist, so hatte seine Passion einer steten und möglichst umfassenden Informationsbereitschaft doch Vorbildcharakter für mich. Ebenso der Rat, sich niemals nur auf eine Informationsquelle zu verlassen, wenn es um Sachverhalte ging, die einem wirklich wichtig waren. Schon in der gänzlich analogen Zeit meiner Jugend entwickelte ich deshalb ein, wie ich bis heute meine, gesundes Misstrauen allen Informationsmonopolen gegenüber. Nur weil etwas in der Zeitung stand, war es für mich bereits als Grundschüler noch lange nicht wahr.

Schlussendlich hat diese Passion meines Vaters vielleicht sogar meine Studienwahl ein wenig beeinflusst. Was ihm sicherlich nicht bewusst und schon gar nicht von ihm beabsichtigt war.

DER URLAUBER

Urlaub. Ein weites Feld für Familienanalysen. Und in der Art und Weise, wie er mehr oder weniger ähnlich in so vielen Familien unserer Kindheit verbracht wurde, wohl prototypisch.

Wie bereits erwähnt, waren unsere Sommerurlaube über Jahre hinweg geprägt vom generösen Verzicht meines Vaters auf mehr als eine Woche eigenen Urlaub. Das konnte und – wie ich ganz sicher meine – wollte er sich als selbstständiger Anwalt nicht leisten. Zum einen, weil es natürlich Einkommenseinbußen bedeutet hätte. Zum anderen aber auch, weil er sich ganz sicher nicht drei oder vier Wochen lang ohne angemessenen Bewegungsspielraum einem Familienleben auf dem engen Raum eines Zweizimmerapartments aussetzen wollte. Viel zu viel Nähe, viel zu wenig Freiraum. Vor allem mit kleinen Kindern, die ständig Aufmerksamkeit fordern. Nein, da war die Lösung mit hinbringen, eine Woche bleiben und abholen fürwahr vorteilhafter. Zumal damit mindestens zwei völlig Ehegattin- und familienfreie Sommerwochen in den eigenen vier Wänden verbunden waren. Welch ein Genuss muss das für ihn gewesen sein. Früher Büroschluss, abendliches Fischen ohne Zeitlimit, Tarockrunden ohne Ende. Gebetsmühlenartig wiederholte meine Mutter, wie sehr mein Vater Verzicht geübt, wie sehr ihn der Job gefordert, wie wenig Freizeit er gehabt habe. Und all das natürlich nur, um uns Kindern ein schönes, sorgenfreies Leben zu ermöglichen.

Auch ich konnte als junger Vater vortrefflich zwei Stunden am Strand hinter einer Zeitung oder einem Buch verbringen, während die Kinder von Oma und Opa mütterlicherseits bestens versorgt wurden. Meine Generation hat anstelle des mitgebrachten Kindermädchens gerne die einschlägigen Entertainment-Programme für Kinder und Jugendliche von Clubs und Hotels in Anspruch genommen, um ungestört zu surfen, zu golfen oder in einer netten Trattoria zu versacken. Aber wir haben auch gemeinsame Abenteuer gesucht, sind mit den Kindern in die hintersten Winkel der Toskana gefahren oder haben zumindest versucht, sie mit unserer Begeisterung für diverse Sportarten oder kulturelle Interessen anzustecken. Nicht immer mit durchschlagendem Erfolg, aber zumeist mit halbwegs ernsthaftem Bemühen. Vor allem aber hat nach all meiner Erfahrung kaum jemand aus unserem Altersumfeld jemals behauptet, wir würden alles immer und ausschließlich für sie, für die Kinder machen. Und schon deshalb denke ich, dass man sehr wohl ein paar Dinge – auch essenzielle –

besser machen und aus der eigenen Geschichte etwas lernen kann. Ich muss an der Stelle aber festhalten, dass auch die Partizipation meines Vaters am familiären Urlaubsgeschehen mit steigendem Alter der Kinder zumindest etwas zunahm. Was zum Teil auch daran lag, dass wir dann des Öfteren gemeinsam mit Familien aus dem – natürlich rotarischen – Freundeskreis meiner Eltern verreisten. Und da fiel es schon etwas schwerer, sich über mehrere Stunden auszuklinken.

Ich kann mich auch, nicht unbedingt nur hocherfreut, an zwei Rundreisen – durch die Schweiz und vor allem durch das Vereinigte Königreich – erinnern, die wirklich viel Nähe mit sich brachten. Nicht unbedingt persönliche, mehr räumliche Nähe. Jeden Tag zu viert im Mercedes. Die Reise nach England, Schottland und Irland war für mich in weiten Teilen eher Albtraum als Urlaub. Und wenn ich mich nicht allzu sehr täusche, auch für meinen Vater. Der mit der Zustimmung zu selbiger eher dem Wunsch meiner Mutter als eigenen Intentionen gefolgt war. Von einem kulturellen Highlight zum nächsten, von einer Kathedrale zur anderen. Zwischenstopps in der Natur maximal für einen halben Tag im Lake District, dreihundert Kilometer pro Tag im Auto. Was bleibt von solchen Familienurlauben? Jede Menge langsam vergilbender Fotos mit einem zumeist ziemlich missmutig dreinblickenden oder Grimassen schneidenden Sohn und einer ewig gestellt in die Kamera lächelnden Tochter, die wusste, was ihre Mutter von ihr erwartete. Aber sonst? Angenehme, warme, wohltuende Erinnerungen an spezielle Momente? Gemeinsam erlebte Naturschauspiele? Lange, einfühlsame Gespräche?

Fehlanzeige. In den mehr als drei Wochen im Norden waren die vier Tage, die ich alleine bei meiner ehemaligen Gastfamilie in Irland verbringen konnte, das einzig wahre Highlight. Der Rest war Pflichterfüllung.

Eine ganz andere Art von gemeinsamem Vater-Sohn-Urlaub erlebte ich leider nur einmal: Männerurlaub zur See.

Ein guter Freund meines Vaters hatte in den 80er-Jahren eine veritable Segeljacht an kroatischen Gestaden liegen und veranstaltete damit hin und wieder Törns, zu welchen er regelmäßig einen erlesenen Kreis rotarischer Freunde einlud. Irgendwann Mitte des Jahrzehnts war es wieder einmal so weit, und mein Vater war neben vier weiteren eingeladenen Rotariern seit Wochen – und für alle ersicht-lich – voller Vorfreude auf die damals noch etwas exotische Gelegenheit zur Familienflucht.

Als dann kurzfristig eines der vorgesehenen Besatzungs-mitglieder krankheitsbedingt absagte, konfrontierten mich Papa und sein Skipperfreund völlig unerwartet mit der Frage, ob ich denn nicht ebenso kurzfristig das Nötigste zusammenpacken und mitkommen wolle, die Bereitschaft zur Verrichtung niederer Matrosendienste vorausgesetzt. Eine Woche könne man in einem Studium wie dem mei-nen ja sicherlich mal weg. Womit sie recht hatten!

Ich war, soweit ich mich erinnern kann, einigermaßen überrascht. Weniger über die Tatsache, dass Freund Die-ter diesen Vorschlag machte, den ich als außerordentlich lebensfrohen Alkoholiker im geschützten Berufsstand des österreichischen Notars und mit vergleichsweise großer

Aufgeschlossenheit gesegnet kannte. Deutlich mehr überraschte mich, dass mein Vater ein solches Ansinnen tatsächlich guthieß. Nicht wegen meines Studiums, das er im Grunde nie ernst nahm. Nein, vielmehr musste es für ihn – so meine Schlussfolgerung – eigentlich eine merkbare Einschränkung bedeuten, den eigenen Sohn in diesem Umfeld präsent zu wissen. Und er musste doch auch ahnen, dass die Neugier meiner Mutter, all die Eventualitäten einer solchen Männerexkursion betreffend, dadurch eine deutliche Steigerung erfahren würde. Zumindest hatte ich aufgrund meiner bis dahin gemachten Erfahrungen den schweren Verdacht, dass es so sein müsste.

Ich zögerte keinen Moment und fand es außerordentlich spannend, diese Männergeneration einmal dermaßen hautnah miterleben zu können. Zumal auch Väter meines erweiterten Freundeskreises zur Crew gehörten.
Auch in puncto Trinkfestigkeit hatte ich nur wenig Respekt, geschweige denn Angst vor einem allzu großen Vorsprung der Erfahrenen, Skipper Dieter vielleicht ausgenommen. Wenn ich mich recht entsinne, erwähnte ich sogleich ganz und gar beiläufig, dass ich davon ausgehe, dass absolute Verschwiegenheit im Kreise der Väter bei solchen Unterfangen wohl genauso selbstverständlich sei wie in meinem Freundeskreis. Womit dieses Thema ein für alle Mal erledigt war.
Und es wurde ein wirklich eindrückliches Erlebnis und eine lehrreiche Urlaubswoche. Den kurzen Flug nach Dubrovnik nutzte unser Skipper zur atmosphärischen Einstimmung mithilfe mehrerer, damals selbstverständlich noch kostenloser alkoholischer Getränke an Bord. Wobei schon

erkennbar wurde, dass er in dieser Disziplin eine einsame Spitzenstellung einnahm und der Rest der Crew – meine Person einmal ausgenommen – dem Lockruf eher zurückhaltend folgte beziehungsweise noch deutliche Anlaufschwierigkeiten zeigte.

An Bord des komfortablen Bootes wurde das aber schnell besser. Und zu meinem Erstaunen herrschte während der gesamten Woche auf See eine unglaublich gelöste, fröhliche und vor allem freundschaftliche Atmosphäre. Und – noch erstaunlicher – zu keinem Zeitpunkt wurde ich von den Mitfünfzigern in irgendeiner Art unterschiedlich behandelt. Es gab keine Hierarchien, keine unnötigen Regeln, keine Normen. Nur die Bereitschaft aller, jederzeit und überall, wo nötig, Hand anzulegen. Und mein Vater? War genauso gelöst wie alle anderen. Wie ich ihn nie zuvor und nur sehr selten danach erleben durfte. Dass er mich zugleich immer als vollkommen „gleichberechtigt" in diesem Umfeld ansah und behandelte, ist bis heute eine meiner schönsten Urlaubserinnerungen geblieben.

Und spätestens da wurde mir klar, dass es, wie fast immer, eigentlich nur um meine Mutter ging. Ihre Anwesenheit oder eben Nicht-Präsenz machte den Unterschied. Zumindest, was die grundlegende Stimmungslage und Aufgeschlossenheit meines Vaters betraf. Das bedeutete nun nicht unbedingt, dass er sich in solchen Situationen völlig geöffnet hätte. Oder mir gegenüber mehr Emotionen und Gefühle gezeigt hätte. Nein, dazu war er auch dann nicht oder höchstens ansatzweise fähig. Aber er war auf seine Art viel gelöster und konnte sehr angenehm mit allen Anwesenden umgehen und kommunizieren, Söhne eingeschlossen. Ähnliches hat mir Jahre später auch meine Schwester erzählt, welche die großartige Gelegenheit hatte, mindestens zwei längere Überseereisen mit Papa zu machen, als meine Mutter aus gesundheitlichen Gründen zu Hause bleiben musste.

Was ich bis heute nicht weiß, ist, wie es sich verhielt, wenn meine Eltern ohne Kinder unterwegs oder auch nur zusammen waren in all diesen Jahren. Reisen jedenfalls war ihnen ein offensichtlich gemeinsames Anliegen. Wobei sie nach Möglichkeit eher in der Gruppe – vorrangig einer rotarischen – verreisten und (zumindest meiner Erinnerung nach) nicht allzu oft allein als Paar. Ich kann also nicht mit Bestimmtheit nachvollziehen, ob oder wie sehr sich mein Vater in einer solchen, länger währenden „Intimphase" eingeschränkt fühlte beziehungsweise anpasste. Meine starke Vermutung ist aber, dass er sich kaum gelöst oder frei gefühlt haben kann.

Und wenn ich mir wieder vor Augen führe, wie dünnhäutig, nervös und oft auch aufbrausend er sich der Mutter gegenüber in den letzten Lebensjahren in ganz alltäglichen Situationen verhielt, wenn wir für kurze Zeit in meinem Elternhaus zu Besuch waren, dann stärkt das diese Hypothese ungemein.

Ich hatte schon lange primär das Bild eines Gefangenen vor mir, sobald ich etwas intensiver über seine Situation nachdachte, spätestens nach dem achtzigsten Geburtstag. Mit jedem Freund, der starb oder in ein Heim zog, wurde die Situation ein Stück trauriger. Immer mehr beschränkten sich die Reisemöglichkeiten auf Aktivitäten in Präsenz meiner Mutter. Bis hin zu der Tatsache, dass er sich irgendwann sogar bereit erklärte, an den Ausflügen teilzunehmen, welche die Leiterin ihres Literaturkurses regelmäßig veranstaltete. Pure Verzweiflung?!

Wenn ich darüber nachdenke, von welchen Reiseerlebnissen mein Vater selbst mit echter Freude und Empathie erzählte, fällt mir neben den Südtirol-Exkursionen mit seinem Cousin vor allem ein Urlaub ein, der vielleicht sogar so etwas wie sein „Urlaub des Lebens" war.
Es war kurz nach seinem Abschied aus der Anwaltswelt, den er pünktlich zu seinem fünfundsechzigsten Geburtstag vollzog. Und der, so schien es damals uns allen in der Familie, eine echte Erlösung für ihn war. Denn obwohl mein Vater seinen Beruf sicherlich immer mit großer Leidenschaft betrieben hatte, waren die letzten Jahre aus mehreren Gründen mühsam geworden. Schon lange vor diesem Zeitpunkt hatte er mit einem eng befreundeten, etwa gleichaltrigen Kollegen vereinbart, unmittelbar nach der Pensionierung eine mehrwöchige Alaskareise zu machen, die sie zurück zur Natur und zurück in junge Jahre führen sollte. Sie ließen sich mit einem Wasserflugzeug in die Wildnis bringen, ernährten sich wochenlang von Lachsen und Beeren und ein wenig mitgeführtem Notproviant und hatten wohl jene „time of your life"-Tage und -Wochen, wie sie so oft und gerne von Reiseanbietern aller Art proklamiert, aber von den Reisenden selbst selten erlebt werden.
Es war wohl im bestmöglichen Sinne die ganz große Freiheit. Der diesbezügliche Höhepunkt, von dem aus es dann aber leider nur noch eine Richtung gab – bergab.

DER BESCHÜTZER

Diese Bezeichnung ist mit Sicherheit angemessen. Auch was die Pflichten eines Vaters den Kindern gegenüber betrifft. Aber noch viel mehr, was seine Frau und unsere Mutter betrifft.

Ich kann nicht mehr sagen, wann mir bewusst wurde, dass Papa meine Meinung teilte, nein, wahrscheinlich noch mehr als ich überzeugt davon war, dass meine Mutter psychisch krank ist. Ich weiß nur, dass es mich sehr überraschte, als er mir das in aller Deutlichkeit ins Gesicht sagte. Ich hatte versucht, möglichst dezent meiner Meinung Ausdruck zu verleihen, dass die Konsultation eines Psychologen oder die Inanspruchnahme anderer psychischer Hilfe für meine Mutter dringlich angeraten wäre.

Da erklärte er sehr ruhig, dass ihm schon lange klar sei, dass Mama krank sei. Diese Krankheit sei aber allein ihre Sache – womit er nicht „ihrer beider Sache" meinte –, auch wenn er ebenso wie ich sah, dass meine Mutter von einer Erkrankung nichts wissen wollte. Und dann erklärte er mir in ebensolcher Seelenruhe, dass es seine Aufgabe sei, sie vor jeglicher übermäßigen Aufregung zu schützen, weil eine solche die Dinge immer nur „noch schlechter mache". Was im Übrigen implizierte, dass er auch mich dringlichst aufforderte, jegliche Bemerkung in diese Richtung tunlichst zu unterlassen.

Mir blieb beinahe die Sprache weg. Welch ein Teufelskreis. Welch ein Versteckspiel. Welche Selbstverleugnung.

Aber ich folgte. Wie so oft habe ich mich damit abspeisen lassen. Habe nicht einmal versucht, eine Disput-Situation herbeizuführen. Und wenn ich ehrlich bin, dann nicht aus übergroßem Respekt, sondern auch und vor allem aus purer Bequemlichkeit und aus Angst. Aus Angst, ein Fass aufzumachen, das sich nicht mehr schließen lässt. Und weil es mehr als unbequem erschien, einen langen und mühsamen Diskurs zu beginnen, ohne echte Aussicht auf ein Ergebnis. Also mindestens in dieser Hinsicht ganz in der Spur meines Vaters.

Ergo fand ich mich, wie meine Schwester und wahrscheinlich der Großteil aller nahen Bekannten und Verwandten, damit ab, dass er – zu einem guten Teil wider besseres Wissen – seiner Bestimmung als Beschützer auf seine Art konsequent nachkam. Interessanterweise habe ich nach seinem Tod meine Mutter mehrfach mit Überlegungen konfrontiert, sich psychologische Hilfe zu organisieren, und bin zu meinem Erstaunen nicht auf totale Ablehnung oder eine pauschale Verneinung der Sinnhaftigkeit gestoßen.

Genauso hat sich eine andere Vermutung, die er in den letzten Lebenswochen mehrfach konkret äußerte, nicht bestätigt. Nämlich, dass meine Mutter ohne ihn nur sehr schwer bis gar nicht zurechtkommen würde, zumal wir Kinder so weit entfernt wohnten und weder in der Lage noch willens seien, sie so zu unterstützen, wie sie es (seiner Meinung nach) wohl benötigen würde.

Nein, meine Mutter war – zumindest zu diesem Zeitpunkt – weder zu arm noch zu krank, um sich selbst passabel durchs Leben zu bringen. Sie hatte es aber – das ist meine ebenso subjektive wie gefestigte Ansicht – zu seinen Lebzeiten immer darauf angelegt, dass er sie schützt, komme da, was wolle …

DER
UNTERDRÜCKTE

… was unmittelbar in dieses nächste Kurzkapitel überleitet.

Irgendwo auf dem Weg vom Berufsaussteiger zum wahren Rentner wurde aus dem immer souveränen Beschützer seiner Frau das mehr oder weniger bedauernswerte Opfer ihrer Kontrollsucht und oft gespielten psychischen Schwäche, die ihm stets bewusst machen sollte, dass es ihr nicht zumutbar war, alleine gelassen, geschweige denn verlassen zu werden.

Es gibt dieses für mich immer schon mit viel Patina belegte, alte Sprichwort „Mit offenen Augen ins Verderben rennen". Nun ja, ich würde nicht behaupten, dass mein Vater hineingerannt ist. Aber dass er Jahr für Jahr weiter in ein seelisches „Verdarben" schlitterte, das war ihm wahrscheinlich selbst durchaus bewusst.

Mit dieser Entwicklung war mein Vater keine Ausnahme. Zu viele Freundesväter kenne ich, die nach ihrem Berufsleben das Zepter der Lebensführung ganz und gar ihrer vermeintlich besseren Hälfte überließen, um dann zumeist auch deutlich vor dieser abzutreten. Hat das eine mit dem anderen zu tun? Ist es mit ein Grund für die immer noch deutlich höhere Lebenserwartung der weiblichen Hälfte der Menschheit in unseren Breiten? Nicht immer läuft das auf die eher subtile oder besser gesagt wohl subversive Art meiner Mutter ab. Aber am Ende des Tages ist das egal. Der Weg vom Beschützer zum seelischen Sklaven ist ein Muster, das viele Männer dieser Generation eint. Und ich denke, es gibt auch offensichtliche Gründe dafür.

Da ist bei vielen zum einen die Erfahrung mit dem Schicksal der eigenen Mutter. Mit patriarchalischen Strukturen, die im Krieg noch viel dramatischere Dimensionen annahmen. Mein Vater hatte, zumindest nach den wenigen und vagen Schilderungen, die ich kenne, eine Mutter, deren primärer Lebensinhalt Arbeit und Leiden war. Und die nach Kriegsende auch den Verlust des ältesten Sohnes beklagen musste und schließlich vor ihrem fünfzigsten Geburtstag alle Reserven verbraucht hatte. Ich bin mir sicher, dass dieses Bild tiefe Furchen in seiner Seele gezogen hat, die eine entscheidende Lebensleitlinie frühzeitig definierten: So nicht!

Aber auch die Erfahrungen mit gleichaltrigen Mädchen in der Kriegs- und unmittelbaren Nachkriegszeit ließen einen Beschützerbedarf entstehen. Zusammen mit der Überzeugung, dass nur Beharrlichkeit und Stabilität vor

Entwicklungen wie jenen bewahren, die er als Kind und junger Mann erleben musste, ergab dies jene für mich oft unfassbare Schutzfunktion bis hin zur Selbstverleugnung.

Die Flüchtlingsvergangenheit meiner Mutter und ihre nachfolgende jahrelange Typhuserkrankung verstärkten diesen Prozess wohl massiv. Zumal ihre Familie meinem Vater in weiterer Folge auch genau das bot, was er nie hatte. Wärme, Zuneigung und – was mindestens genauso wichtig war – große Anerkennung. Dies alles machte aus meinem Vater einen wirklich vorbildlichen Bewahrer und Beschützer. Dass meine Großeltern, die Anfang des vorigen Jahrhunderts in die Familien von kleinen, aber freien Bauern hineingeboren worden waren, die Selbstständigkeit und den Beruf meines Vaters sicherlich bewunderten, trug zur gegenseitigen Akzeptanz entsprechend bei.

Er stimmte auch sofort zu, als auf Vorschlag und sicherlich auch Drängen meiner Mutter ihre Eltern im Ruhestand in unser neu gebautes Haus einzogen. Die Familie war fast so heilig wie die Ehe. Zumindest formal. Was das Innenleben beider Institutionen betraf, sah das, wie schon mehrfach beschrieben, anders aus. Was aber wiederum sehr verständlich ist. Denn für ihn, wie für so viele seiner Generation, war das Fundament das alles Entscheidende, die „Hardware" könnte man heute wohl sagen. Die „Software" der Institutionen Ehe und Familie, die war ein anderes, deutlich weniger wichtiges Thema.

FREUNDE

An einem sonnigen Frühlingstag ein gutes Jahr nach dem Tod meines Vaters stehe ich wieder auf einem steirischen Friedhof und begleite den Trauerzug zur Verabschiedung des kurz zuvor verstorbenen Vaters meines besten Freundes aus Studienzeiten.

Während der Trauerfeier muss ich immer wieder an unsere lang zurückliegenden Treffen im Elternhaus meines Freundes denken. Dabei erinnere ich mich, dass ich seinen Vater eher selten zu Gesicht bekam. Ganz im Gegensatz zur Mutter, die omnipräsent erschien. Der Reihe nach denke ich an meine anderen guten Freunde aus den Kinder- und Jugendtagen und stelle fest, dass es sich in fast allen Familien ähnlich verhielt.
Omnipräsente Mütter und nicht oder kaum anwesende – oder zumindest kaum sichtbare – Väter. Ganz wenige

Ausnahmen bestätigen die Regel. Der Drang, die Welt der Kinder zu verstehen und zu begleiten oder auch nur ansatzweise zu erfahren, war in dieser Männergeneration marginal ausgeprägt.

Auf der Rückfahrt rufe ich einen anderen sehr guten Freund an, dessen Vater im Sterben liegt. Er erzählt mir von dem ambivalenten Gefühl, dass er sich seinem Vater schon lange nicht mehr, wenn nicht sogar noch nie, so nahe gefühlt habe wie jetzt. Auch wenn es immer noch nur eine relative Nähe sei, weil eine echte Nähe jenseits aller Möglichkeiten liege. Er aber zugleich nicht wisse, ob dies nicht primär der Tatsache geschuldet sei, dass der Vater dement und nur bedingt bei Sinnen sei. Die Mutter im selben Alter hingegen präsent, alert und bestimmend wie eh und je. Genauso wie ich selbst viele Monate zuvor musste er darum kämpfen, in dieser Abschiedszeit ein paar intime Momente mit seinem Vater zu erhaschen. Denn die Mutter war nicht nur omnipräsent, sie wollte auch um jeden Preis das Familienleben – und damit auch und vor allem ihren wehrlosen Mann – kontrollieren. Kontrollverlust war ganz offensichtlich das Schlimmste, was dieser Art von Müttern passieren konnte. Insbesondere auch, was die Kontrolle über die Kommunikation von Vater zu Sohn betraf.

Aber das ist vielleicht zu sehr Nabelschau. Es geht um Kontrolle ganz allgemein. Und es gibt gute Gründe dafür. Viele Mütter aus der Generation meiner Eltern in der sogenannten Mittelschicht eint ja auch anderes. Zum Beispiel die schwere Jugendzeit vor und nach Kriegsende. Aber auch der Prozess einer stetigen Verbesserung der Lebensumstände, den sie als Mütter und Hausfrauen begleiteten, ohne große Möglichkeit, aber zumeist auch ohne Bestreben, einem Beruf nachzugehen.

Im Falle meiner Mutter war es auch ein bequemer Weg, da mein Vater als Anwalt recht schnell gut verdiente und ihr spätestens seit der Geburt meiner Schwester ein wirtschaftlich sorgenfreies Leben bot, inklusive permanenter Haushaltshilfen und Kindermädchen, und ohne jemals wieder in das Arbeitsleben zurückkehren zu müssen (oder dürfen?).

Diese Beschränkung auf eine Funktion, die später oft und gerne als „Familienmanagerin" betitelt wurde, ließ, so meine Überzeugung, viele dieser Frauen mangels Alternativen zu „Controllern" werden. Sie kontrollierten ihr Heiligtum – die Familie – mit allem, was dazugehörte. Und entwickelten daraus zum Teil ähnliche Verhaltensmuster, wenngleich in unterschiedlicher Ausprägung.
Wobei es tatsächlich gravierende Unterschiede gab. Von der gutmütigen, Oma-ähnlichen Mutter, die ihre Kontrollambitionen ganz sanft verpackte, über die immer freundliche, aber dennoch sehr bestimmte (und bestimmende) Haushaltsführende bis zur Familientyrannin. Und – auch das ist retrospektiv betrachtet eine interessante empirische Erkenntnis – in vielen Fällen war das Wesen der zugehörigen Männer ein Spiegelbild.

So war der Vater meines Freundes, den ich an besagtem Tag anrief, nicht erst im Alter ein devoter Untertan seiner Frau, die sein Leben noch mehr bestimmte als jenes der Kinder. Und wahrscheinlich war die Erkenntnis, dass dies auch seinem Sohn bewusst war, ein zusätzliches Hindernis für die Entwicklung einer tieferen und offenen Vater-Sohn-Beziehung.

Jenseits der Familien des Rotaryclubs bestand die Mehrheit der Väter meiner Schulfreunde aus Arbeitern und Angestellten. Also Familien aus eher einfachen Verhältnissen, wie es so schön heißt. Was aber nur selten etwas an der Präsenz oder dem Interesse der Männer an einer proaktiven Beschäftigung mit den Kindern änderte, soweit ich das feststellen konnte.

Was die Mütter betrifft, war das etwas anders. Sie waren in diesen Familien fast durchwegs „näher" und, ich kann es nicht besser ausdrücken, „authentischer" in ihrem Bestreben, ihre Kinder und sogar ihre Söhne zu verstehen. Das galt für die Bahnangestellten genauso wie für die Fabrikarbeiter und auch für die Bauernfamilie meines damals besten Schulfreunds Hans.

Eine gesicherte Erklärung für diese Tatsache habe ich nicht. Vielleicht lag es auch daran, dass diese Mütter kein „Personal" hatten, um die eher lästigen Tätigkeiten zu delegieren, und somit auch weniger Zeit damit verbringen konnten, zu kontrollieren, und stattdessen mehr als die privilegierteren Mütter auf den Faktor Vertrauen setzten.

Und dass erst (gegenseitiges) Vertrauen wahre Nähe schafft, ist wohl unbestreitbar.

DER RITUAL-VERWEIGERER

Der Geburtstag meines Vaters war in diesem Jahr ein wunderschöner Dienstag, und ich hatte ihn, wie ich erst zwei Tage später nach einem Telefonat mit meiner Mutter feststellen musste, vergessen.

Ich vergab mir meine Vergesslichkeit großzügig mit der Tatsache, dass mein Vater bei quasi jeder Gelegenheit darauf hingewiesen hatte, wie unwichtig und nebensächlich ihm solche „Rituale" seien. Ja, er brüstete sich schon fast damit, sich im allerbesten Falle und wenn überhaupt den Geburtstag meiner Mutter sowie hin und wieder ihren Hochzeitstag zu merken. Wenn meine Mutter, aus meiner Sicht ausnahmsweise zu Recht, anmerkte, dass diese Einstellung primär seiner Arroganz geschuldet sei, meinte er dezidiert, dass er zwar sehr wohl Arroganz besitze, diese aber nichts mit seiner Geburtstags- und Ritual-Aversion zu tun habe.

Obwohl ich auch kein allzu großer Freund von Geburtstagsfeiern und Jubiläen bin, ist mir seine manifeste Ablehnung einer Würdigung solcher Anlässe nicht ganz erklärlich. Aber sie ist wieder etwas, was ich bei vielen Männern beziehungsweise Vätern seiner Generation feststellen konnte. Was Ostern und Weihnachten betrifft, war es nicht viel anders.

Bei Letzterem kam hinzu, dass das Fest grundsätzlich in quasi maximalem Rahmen in unserem Elternhaus gefeiert wurde. Was bedeutet, dass über viele Jahre hinweg sowohl meine Großeltern als auch die Familien der Brüder meiner Mutter daran teilnahmen, später auch Schwiegersohn, Schwiegertochter und Enkelkinder. Was meine eigene Familie betrifft, brauchte es dafür allerdings eine „Zweitausgabe" des Heiligen Abends, da wir das Original im Hause meiner Schwiegereltern verbrachten.

Aber egal wie, für meinen Vater war Weihnachten deutlich erkennbar eine reine Pflichterfüllung. Und das hatte wenig bis gar nichts mit der Tatsache zu tun, dass er als überzeugter Atheist keinerlei religiöse Motivation entwickeln konnte. Nur bedingt war er trotz permanenten Drängens der Mutter bereit, seiner Hausherren- und Familienoberhaupt-Rolle gerecht zu werden, und die Erleichterung, wenn die ersten Gäste das Elternhaus wieder verließen, war mehr als spürbar. Nun ja, Weihnachten war für ihn ziemlich genau das Gegenteil von persönlicher Freiheit. Und wenn es meine Mutter zugelassen hätte, dann hätte mein Vater seinen Jahresurlaub sicher spätestens am 24. Dezember begonnen.

HALB VOLL!

Wenn es bis hierher nicht deutlich geworden ist, dann jetzt! Mein Vater hatte wahnsinnig positive und erbauende Eigenschaften. Und die, zumindest für mich, allerpositivste war sein grenzenloser Optimismus.

Zum einen, weil ich diese Eigenschaft gerne in noch größerem Ausmaß geerbt hätte, als es augenscheinlich der Fall ist.
Zum anderen, weil unsere Familie und vor allem wir als Kinder sonst wohl in einem Meer von Ängsten, Befürchtungen und Vorsorgemaßnahmen versunken wären. Denn all das, was mein Vater als halb voll ansah – also praktisch alles –, betrachtete unsere Mutter als halb leer, um dieses sehr strapazierte Bild zu bemühen. Aber ein besseres gibt es wohl nicht.

Weshalb ich es auch an das Ende meiner kleinen Abschiedsrede stellte, als wir meinen Vater zur letzten Ruhe geleiteten. Ja, er war ganz real und stets da, dieser alles überlagernde Optimismus. Ob es die Einschätzung des Wetters betraf, die Aussicht auf Beute beim Fischen oder den wahrscheinlichen Ausgang eines ihm wichtigen Gerichtsverfahrens. Immer positiv. Und wenn es nur darum ging, wie begrenzbar im Zweifelsfall ein Schaden ist. Da war die absolute Überzeugung, dass es gut oder mindestens besser wird.

Was unheimlich half, wenn es um Krankheiten oder Unfälle ging, von denen wir, wie die meisten, natürlich nicht verschont blieben. Die persönliche Überzeugung, mit der mein Vater in der Lage war, seinen Optimismus auszudrücken, hatte heilenden Charakter. Und stand in so krassem Gegensatz zum Pessimismus unserer Mutter, dass man sich einfach immer wieder nur wunderte, wie das funktionieren konnte.

Nicht einmal meine latenten Schwächeperioden in schulischer Hinsicht konnten diesen Optimismus substanziell tangieren. Zusammen mit seinem ebenso vorhandenen Geduldspotenzial war dies überaus angenehm für einen pubertierenden Leistungsverweigerer wie mich.

Auch als mein Vater nur mehr sehr eingeschränkt bewegungsfähig war, konnte man diesen ewigen Optimismus spüren, ja fast greifen. Altersbedingte Rückenschmerzen waren die ebenso optimistische wie wahrscheinlich völlig falsche persönliche Eigendiagnose, von der er zumindest nach außen hin absolut überzeugt war. Ja, nicht einmal die desaströsen Bilder des Computertomografen, der die Krebsbefälle in Leber und Lunge deutlich zeigte, konnten ihn resignieren lassen. Es bedurfte schon der sehr schmerzhaften und extrem belastenden Endphase der aggressiven Krankheit, samt zweier völlig sinnloser Chemotherapien, um diesen Intensivoptimisten zum, nun ja, Realisten zu „bekehren".

Wenn ich heute sehe, wie pessimistisch ein so großer Teil meiner Mitmenschen und insbesondere meiner männlichen Altersgenossen in vielen gesellschaftlichen und politischen Lebensbereichen agiert, dann blicke ich doch wehmütig auf diesen fast grenzenlosen Optimismus zurück.

DER HALBE MACHO

Bei dieser Überschrift wird vielleicht ein Raunen in der Familie wahrnehmbar sein. Denn auf den ersten Blick hatte mein Vater wenig mit dem Bild eines Machos der Fendrich-Ära gemein.

Aber, wie so oft, lohnt ein zweiter Blick auf dem Weg zu einem Gesamtbild. Und – ich weiß in dem Fall recht genau, wovon ich spreche. Denn wenn es um die Rezeption meiner Persönlichkeit durch die unmittelbare Verwandtschaft geht, dann traf der Begriff Macho zumindest früher schon fast ins Schwarze.

Mein Vater hatte nichts Lautes an sich, nichts banal Prahlerisches. Noch nicht einmal eine ausgeprägt machomäßige Sprache. Das nicht.

Aber zeit seines Arbeitslebens zeigte er kaum Tendenzen zu einer auch nur ansatzweisen Arbeitsteilung im Familienalltag. Was eigentlich schon eine maßlose Untertreibung ist. Verweigerungshaltung wäre hier der passendere Begriff. Sobald der Herr des Hauses und Ernährer selbiges Familienterrain betrat, war unausgesprochen klar, dass alle anderen ProtagonistInnen seine Bedürfnisse jederzeit klaglos berücksichtigen mussten. Dazu zählte zum Beispiel eine ungestörte Morgenruhe, die dadurch gewährleistet wurde, dass er, mit wenigen Ausnahmen, erst dann auf der Bildfläche erschien, wenn der Nachwuchs auf dem Schulweg war. Oder die Tatsache, dass seine halbstündige Mittagsruhe nach dem pünktlich servierten Essen heilig war. Und keine Frage der eventuell bereits zurückgekehrten Kinder hätte wichtig genug sein können, um selbige zu stören. Unsere Mutter diente ihm diesbezüglich stets uneingeschränkt als Hüterin seines Wohlergehens. Was ihr ganz und gar nicht schwerfiel, weil sie dadurch ihre Monopolstellung in der Kinderkontrolle stets unterstreichen konnte.

Aber selbst in den seltenen Fällen eines gemeinsamen Mittag- oder Abendessens unter der Woche war das ungestörte Abhören der Radionachrichten zumeist genauso Teil der väterlichen Bedürfnisse wie das dazugehörende Schweigen des Restes der Familie.

Ob dies nun echte Machosymptome sind oder nicht, sei gerne dahingestellt. Heute würden solche Männer mit Sicherheit als hochgradig verhaltensauffällig und familienpolitisch vollkommen unkorrekt interpretiert werden. In den 70er-Jahren des vorigen Jahrhunderts aber war das ein weitverbreitetes Muster väterlicher Ignoranz – und ergo auch nichts anderes als eine Spielart des Machismo.

Dazu kamen in diesem Themenbereich durchaus noch weitere „Eigenschaften", wie die Tatsache, dass Autofahren für meinen Vater klare Männersache war. Oder ein auch nur ansatzweise seriöses Kochen ganz weit weg von seinem männlichen Selbstverständnis.

Spät in seiner Pensionszeit raffte sich mein Vater an gemeinsam verbrachten Wochenenden oder Feiertagen immerhin dazu auf, höchstpersönlich einen Obstsalat zu schnippeln und zu servieren.
Das war, zumindest meiner Erinnerung nach, der einzige kulinarische Beitrag in einem halben Jahrhundert Familienleben.

BERÜHRUNGS-ÄNGSTE

Es war schon immer, und heutzutage eher mehr als weniger, ein, nun ja, heikles Thema. Körperkontakt zwischen Eltern und Kindern. Aber auch jener zwischen den Eltern in Anwesenheit der Kinder.

Und auch wenn es in den letzten Jahren wieder zwiespältiger geworden ist, darüber in aller Offenheit zu sprechen – ich bin überzeugt, dass die Fähigkeit meiner Generation, auch körperliche Nähe mit und vor Kindern zuzulassen und zu dokumentieren, einen ganz großen Unterschied zu jener meines Vaters darstellt.

Ich kann mich beim besten Willen an keine einzige wirklich innige Umarmung meines Vaters erinnern, auch wenn meine Mutter fest behauptete, dass es selbige zumindest im Babyalter gegeben habe. Vielleicht das Zärtlichste, was

er mir zukommen ließ, waren die retournierten Abschieds-
küsse in den letzten Jahren seines Lebens, wenn ich bei
unseren seltenen Besuchen das Elternhaus verließ und ihm
schon mal sanft über die Wange strich und ihn abbusselte.
Wenn ich heute an diese Situationen denke, dann erscheint
mir die fast verborgene Zärtlichkeit darin so, als wollte er
damit tatsächlich bewusst seine Liebe zum Ausdruck bringen. Es war wahrscheinlich das Maximum an körperlicher
Nähe, dessen er fähig war. Und das ganz Erstaunliche (oder
auch nicht) daran ist, dass dieses minimale Maximum mir
mehr zu spüren gab als all die Versuche meiner Mutter,
durch zumeist von Schluchzen unterschiedlicher Intensität
begleitete Umarmungen und Küsse ihre Verbundenheit zu
zeigen. Denn diese Attacken waren zumindest in meiner
Empfindung immer viel mehr Nehmen als Geben.

Diese ausgeprägte Angst oder Vorsicht vor Berührung und
Körperlichkeit ist wohl auch ein Symptom, das die Mehrheit der Vätergeneration der 20er- und 30er-Jahre kenn-
zeichnet. Sie ist zumindest teilweise verständlich, wenn
man auch nur ansatzweise ihre Kindheits- und Jugender-
fahrungen berücksichtigt. Sie hielten eine grundsätzliche
Härte sowohl sich selbst wie auch anderen gegenüber für
eine wesentliche Voraussetzung, um die Überlebensfähig-
keit zu stärken. Deshalb war körperliche Nähe schon per se
nicht wünschenswert.

Nun kann diese Wahrnehmung natürlich auch daran lie-
gen, dass es sich bei mir um eines Vaters Sohn handelt.
Aber soweit ich es beurteilen kann, verhielt es sich bei den
Vater-Tochter-Beziehungen nicht so viel anders. Zumin-

dest wenn man davon absieht, dass manche Väter mit ihren Söhnen nicht nur wenig zärtlich, sondern auch recht robust bis handgreiflich umgingen und diesbezüglich ihr Distanzbedürfnis deutlich zurückstellten. Das jedenfalls sah man, was Mädchen betrifft, selten. Oder, was mich persönlich betrifft, nie.

Für die Frauen dieser Väter bedeutete diese Grundeinstellung allerdings auch, dass Zärtlichkeit und körperliche Nähe bestenfalls in den zumeist engen vier Wänden der elterlichen Schlafzimmer gelebt wurden. Vermute ich zumindest. Öffentliche Bekundungen körperlicher Verbundenheit waren jedenfalls eine absolute Rarität. Wenn sich meine Eltern zu mehr als einem Unterhaken beim Spazierengehen verleiten ließen, dann bestenfalls und sehr selten zu dezenten Wangenküssen. Und ich kann mich — mit ein, zwei Ausnahmen — kaum an andere Väter und Eltern erinnern, die anders agiert hätten. Ja, es war schon eine ziemlich prüde Welt, in die wir als Babyboomer hineingeboren wurden. Und zumindest was die Väter betrifft, auch eine mit sehr wenig Zärtlichkeit.

Ich bin mir bis heute nicht sicher, inwieweit diese Männergeneration ihren Mangel an aktiver wie wohl auch passiver Zärtlichkeit sowie sexueller Nähe und Vielfalt jenseits der heimischen Gefilde zumindest ansatzweise auslebte. Was meinen Vater betrifft, habe ich niemals Anzeichen eines Fremdgehens beobachten können. Und Bordellbesuche sind etwas, was ich ihm, selbst bei quasi bestem Vermutungswillen, nie und nimmer zugetraut hätte.
Dessen ungeachtet weiß ich sehr wohl, dass es diesbezüg-

lich ganz andere Kaliber in seinem und unserem Bekanntenkreis gab. Und wenn ich die Statistiken richtig lese, dann waren die 60er-Jahre die erste wahre Blütezeit des Rotlichtmilieus im deutschsprachigen Raum, nicht nur in der Großstadt. Eigentlich entspräche diese Art der Suche nach körperlicher Nähe und natürlich auch nach einer Möglichkeit, sich sexuell auszuleben, durchaus dem männlichen Generationenbedürfnis, familiäre Sicherheit und persönliche Distanz zu verknüpfen und zu bewahren.

Eine überdeutliche Gegenbewegung ließ dann ja nicht allzu lange auf sich warten. Die 68er-Generation hat in vergleichsweise kurzer Zeit, zumindest historisch betrachtet, eine Kehrtwende geschafft, die Schleusen für vieles öffnete und eigentlich erst mit den Anfängen von Aids zu Beginn der 80er-Jahre eine jähe Zäsur erfuhr. Ich bin geneigt, zu behaupten, dass die darauffolgende Väter- und Elterngeneration, zu der ich meinen Jahrgang zähle, erstaunlicherweise einen quasi „natürlichen" Mittelweg gefunden hat, bei dem weder Scham noch ein übermäßiges Distanzbedürfnis augenscheinlich werden. Aber auch die sexuelle Obsession der Hardcore-Flower-Power-Zeit nicht mehr von überragender Bedeutung ist.
Wobei man durchaus konstatieren darf, dass meine Männergeneration den Stellenwert eines erfüllten Sexuallebens, vor allem verglichen mit den Vätern und auch nach dem 68er-Höhepunkt, sehr weit oben in der Wertehierarchie verankert hat. Ob das für nachfolgende Generationen auch noch gilt, ist aus meiner teilnehmenden Beobachtung heraus nicht ganz so sicher. Aber die Gründe hierfür zu beleuchten, würde an dieser Stelle eindeutig zu weit führen.

KONTRAPUNKTE

Nur wenige Monate vor meinem Vater verstarb der Stief-vater meiner Frau, der ihr seit ihrem zwölften Lebensjahr Vater gewesen war, und mir ein ebenso gut gesonnener wie auch großzügiger Schwiegervater. Er war gute drei Jahre jünger als mein Papa und in wahrscheinlich noch ärme-ren Verhältnissen in den steirischen Bergen aufgewachsen. Als Ziehsohn eines Onkels mit sechs eigenen Kindern, der ihn von früher Kindheit an eher als Knecht, denn als Sohn behandelte. Mit sechzehn Jahren nutzte er die erstbeste Gelegenheit, um jener furchtbaren Umgebung zu entflie-hen, die heute zu einer der großen österreichischen Ski-regionen gehört, die ihre Bergbauern zumindest partiell zu wohlhabenden Hoteliers oder Seilbahnunternehmern gemacht haben. Nachdem er also in den späten 40er-Jahren zuerst als Stahlarbeiter in die gerade wieder vorankom-mende Schwerindustrie des besetzten Landes ging, zog es ihn nach der Ausbildung bis ans andere Ende der Welt, nach Neuseeland. Wo er im Übrigen ganz und gar nicht allein war. In den 50er-Jahren des vorigen Jahrhunderts war Neuseeland ein gelobtes Land für junge Armuts- und Nachkriegsgeschädigte, vorwiegend männliche Migranten aus den Alpen. Die Wirtschaftsflüchtlinge aus Europa waren im Kiwiland herzlichst willkommen.

Wahrscheinlich kehrte er nur aufgrund eines schweren Schicksalsschlags Anfang der 70er-Jahre nach Österreich zurück, wo er zum einen sehr schnell eine krisensichere Anstellung als Facharbeiter in der florierenden Rüstungsindustrie des neutralen Musterlands fand und zum anderen die Mutter meiner Frau kennenlernte und heiratete.

Somit lebte er in einer ganz anderen Realität als mein Vater und war sicherlich das, was man bei uns zu Hause landläufig einen „einfachen Mann" nannte. Ja, genau so bezeichnete er sich auch selbst gerne und oft. Aber was die für mich markanten Eigenschaften dieser Männergeneration betrifft, war er meinem Vater frappierend ähnlich. Ein übermächtiger Wille zur Unabhängigkeit von „anderen" prägte ihn genauso wie das latente Bestreben, nirgends anzuecken. Und trotz ganz sicherlich vorhandener Überzeugungen gab auch er sich als absolut unpolitischer Mensch, der Kirchen nur dann besuchte, wenn es sich gar nicht vermeiden ließ. Wobei er zu seinem großen Glück im Gegensatz zu seiner sehr katholischen Frau dem evangelischen Lager angehörte. Was das Leben diesbezüglich in dieser Gegend leichter machte. Über seine mit Sicherheit sehr dunklen Kinder- und Jugendjahre lernte ich erst spät und auch nur auszugsweise einiges kennen. Und wenn mich nicht alles täuscht, ging es meiner Frau und ihrer Schwester nicht viel anders. Was ihn dann doch massiv von meinem Erzeuger unterschied, war die Abwesenheit jeglicher Arroganz oder Besserwisserei. Dafür war die gelebte und bezeugte Dankbarkeit über das vergleichsweise angenehme und sorgenfreie Leben, das er seit seiner Rückkehr aus der Ferne genoss, noch viel größer.

Was mich anfangs beinahe verwunderte, mir später aber durchaus verständlich wurde, ist die Tatsache, dass sich Vater und Schwiegervater stets sehr freundlich begegneten und allem Anschein nach wirklich sympathisch fanden. Bei aller Unterschiedlichkeit in den Lebensentwürfen war da etwas essenziell Verbindendes und mehr als nur Respekt. Was für mich eher vonseiten des Schwiegervaters erstaunlich war. Denn in seinem Umfeld wurden Akademiker, notabene Anwälte, schnell in die Kategorie „Großkopf" eingeordnet, was normalerweise nicht unbedingt zu übermäßiger Sympathie beitrug.
Ich denke heute, dass das Bewusstsein, eine ähnlich schwere Kindheit halbwegs „erfolgreich" hinter sich gebracht zu haben, ein starkes Verbindungselement darstellte. Was für meine Generation alles andere als selbstverständlich ist. Zu gleichmäßig sorgenfrei – mit wenigen Ausnahmen – verlief diese bei uns, als dass wir darin Identifikationsmerkmale suchen und finden könnten.

Mein Schwiegervater ist nur ein Beispiel von vielen. Mein Vater hat sehr oft deutlich gemacht, wie viel Respekt und Sympathie er für die unterschiedlichsten Altersgenossen hatte, und seine an anderer Stelle immer wieder einmal durchblickende Arroganz trat nie bei jenen zutage, die ihm intellektuell unterlegen waren. Wenn sie Männer ähnlichen Alters traf, dann primär Verwandte, die für ihn in eine ganz eigene Kategorie Mitmenschen gehörten, oder Menschen in seinem direkten beruflichen Umfeld, die er für anmaßend hielt.

GELD STATT GEFÜHLE

In einem außerordentlich erhellenden Buch von Anne-Ev Ustorf nimmt der Widerspruch von materieller Verwöhnung und psychischem Desinteresse auf Seiten der Kriegskindergeneration eine zentrale Rolle ein. Und findet bei mir vollinhaltliche Bestätigung. Dieser Aspekt ist vielleicht auch der, welcher für mich die Mehrheit unserer Vätergeneration am deutlichsten vereint.

Der gesellschaftliche Aufstieg und ein Leben in Sicherheit und frei von Mangel, Hunger und Not, das war die absolute Prämisse. Diesem Ziel wurde alles untergeordnet.
Was die Kinder betraf, so war deren Erziehung, sofern es vonseiten der Väter so etwas gab, genauso auf wirtschaftlichen und gesellschaftlichen Erfolg ausgerichtet wie das eigene Tun. Und die allermeisten Väter waren auch bereit, Söhne wie auch Töchter dabei nach Kräften zu unter-

stützen. Nach finanziellen Kräften in erster Linie. Mit ausreichend Taschengeld, mit allem, was das Schulleben benötigte, inklusive Nachhilfestunden, mit Englischkursen in den Ferien und, wenn die Hürde Abitur genommen war, auch mit erheblicheren Aufwendungen für Universitäten und andere Bildungsinstanzen. Diejenigen, die es sich leisten konnten, versorgten den Nachwuchs auch mit eigenen fahrbaren Untersätzen oder schickten ihn für ein, zwei Semester für Anschlussstudien ins Ausland. Letzteres kam auch mir zugute, nachdem ich die Pflichtübung eines Universitätsabschlusses in der Heimat hinter mich gebracht hatte. Nein, ich kann fürwahr nicht darüber klagen, finanziell jemals Not gelitten zu haben, solange ich in Ausbildung und elterlicher Obhut war. Und auch danach hat mich mein Vater bei Bedarf – den es durchaus gab – mehr als einmal großzügig unterstützt. Er verband diese Unterstützung dann zwar auch schon einmal mit dezenten Bemerkungen des grundsätzlichen Zweifels an meinen Fähigkeiten, wahrhaftig erwachsen zu werden. Aber er verweigerte sich nie.

Und, was diese Unterstützung für mich auch unverschämt angenehm machte: Er verband sie mit keinerlei proklamierten Erwartungen oder mit eingeforderter Dankbarkeit. Ich glaube, dass er dies auch deshalb nicht tat, weil er die finanzielle Komponente selbst als Ausgleich für all das betrachtete, was er als Vater nicht geben konnte. Empathie, Einfühlungsvermögen, Reflektieren ...

Dieser Ausgleich war ein Schutzschild. Der, wenn schon kein reines, so doch ein passables Gewissen gewährleistete und vor allem die Berechtigung schuf für ein Killerargument jener Zeit: „Du bekommst doch eh alles." Dass junge Menschen noch anderes von ihren Erzeugern benötigen könnten als wirtschaftliche Unterstützung und finanzielle Absicherung, war, so schien es mir, nicht vorgesehen.

Was natürlich auch dazu führte, dass sich viele ProtagonistInnen meiner Generation nur allzu gerne auf diese Art von Deal einließen. Mich eingeschlossen. Im Wissen um die Bereitschaft des Vaters, das eigene Gewissen mit finanziellen Zuwendungen zu beruhigen, verspürte ich lange Zeit keinen allzu großen Drang, wirtschaftlich vollends auf eigenen Beinen zu stehen. Zu bequem war der Verlass auf seine Schaffenskraft und Fähigkeit, mich zumindest partiell und länger als notwendig mit zu ernähren. Und das ganz ohne schlechtes Gewissen, denn es war ja Teil des Deals.

Was allerdings jene Zuwendung betrifft, die ich mit Erreichen der Volljährigkeit am intensivsten herbeigesehnt hatte, wurde ich bitter enttäuscht. Für mich war es spätestens seit der Oberstufe des Gymnasiums sonnenklar, dass ich mit dem Abitur oder Maturanachweis auch Herr eines fahrbaren Untersatzes auf vier Rädern sein würde. Auch unabhängig von der Frage, wann ich über einen Führerschein verfügen würde. Aber da hatte ich mich mächtig getäuscht. Und das, obwohl mir mein Großvater in die Hand versprochen hatte, seinen alten roten Käfer genau zu diesem Behufe mir zu übertragen, sollte ich das Ziel tatsächlich erreichen. Leider verstarb er gut ein Jahr, bevor ich ihm die Freude machen konnte, seinen Wunsch Wahrheit werden zu lassen. Und auch wenn ein VW Käfer bereits damals nicht das ultimative Objekt der Begierde eines siebzehnjährigen Maturanten war, hätte ich mich durchaus damit abgefunden. Aber Pustekuchen. Beim Auto hörten der Spaß und auch die Spendierfreudigkeit meines Vaters erst mal auf. Was vielleicht auch mit der bereits erwähnten, hohen eigenen Affinität zum Automobil zu tun hatte. Oder auch mit dem Versuch, im Wissen um die Werthaltigkeit dieses Objekts für den Sohn, es zur Motivationssteigerung im Studium heranzuziehen. Also verweigerte mir mein Vater nicht nur das meiner Ansicht nach bereits hart erarbeitete Anrecht auf einen zumindest gebrauchten BMW. Er betrog mich tatsächlich auch noch um mein großväterliches Erbe, indem er den Käfer formal meiner Mutter überließ, die mangels Fahrpraxis bereits damals nichts mehr damit anfangen konnte oder wollte. Und mir großzügigerweise die Erlaubnis einräumte, situativ darauf zurückzugreifen.

Was ich dann auch tat, und was mein Vater ebenso situativ bereute. Nach mindestens drei veritablen Blechschäden in den ersten zwölf Monaten meiner Fahrerlaufbahn wünschte er wahrscheinlich, er hätte nichts mit dem alten Käfer zu tun gehabt.
Zu seiner Ehrenrettung sollte diesbezüglich erwähnt werden, dass ich inmitten meines Studiums und mithilfe eines selbst erarbeiteten Eigenkapitalanteils (Stichwort Motivation) und mit gehöriger Verspätung, wie mir schien, doch noch zu einem halbwegs adäquaten Gefährt kam. Der Saab 900 CC war mein wirklich kultig-legendärer Begleiter für den Rest meines Studiums. Und vielleicht mit ein Grund dafür, dass ich selbiges tatsächlich abschloss.

„Geld statt Gefühle" war sicherlich nicht flächendeckend symptomatisch für diese Vätergeneration, vielerorts schon mangels (Geld-)Masse. Aber fast überall dort, wo selbige ausreichend vorhanden war, konnte ich ein ähnliches Muster feststellen. Und da der rotarische Freundeskreis meiner Eltern quasi durchwegs über eine solide Finanzbasis verfügte, gab es jede Menge Gelegenheit, dies zu tun.

Der Umkehrschluss „Mehr Gefühle bei weniger Geld" stimmte allerdings auch nicht immer. Zumindest konnte ich in meiner Kindheit und Jugend nicht feststellen, dass Freunde aus ärmeren Familien, von denen ich einige hatte, mehr emotionale Zuwendung erfuhren. Oft war sogar das Gegenteil der Fall. Vorzugsweise bei jenen Vätern, die alle Hände voll zu tun hatten, um die Familie halbwegs über Wasser zu halten. Was einerseits verständlich ist, andererseits aber zum selben Resultat führte – nur ohne Schmerzensgeld.

Wobei viele meiner Schulkollegen aus solchen Verhältnissen ein besseres und entspannteres Verhältnis zu den Müttern hatten, als mir dies gegeben war. Aber das lag wohl eher an den unterschiedlichen Persönlichkeiten der Frauen. Aufgrund der späteren Entwicklung Einzelner im Erwachsenenstadium war ich eine Zeit lang verleitet, zu denken, dass die emotionale väterliche Abwesenheit in Verbindung mit wenig finanzieller Unterstützung besonders motivierend für das eigene wirtschaftliche Weiterkommen sein könnte. Aber nach meinen späteren Erkenntnissen bin ich mir da nicht mehr so sicher. Die Mehrzahl meiner alten Schulfreunde aus der Provinz hat einen, wenn man so will, recht „normalen" Weg eingeschlagen. Nur ganz wenige haben wirklich außergewöhnliche Lebensläufe aufzuweisen.

Das Motto „Geld statt Gefühle" trifft auf meine Mutter nicht zu. Ihre Devise war, solange ich mich erinnern kann, „Geld für Gefühle".

Oder anders ausgedrückt, Geld (oder andere Zuwendungen jedweder Art) für Dankbarkeit.

Ja, in krassem Gegensatz zu meinem Vater war die Mutter der Ansicht, ein permanentes Manko an Dankbarkeit, vor allem vonseiten ihres Sohnes, erfahren zu müssen. Was sich insofern erklären lässt, als sie zugleich immer der festen Überzeugung war, in ihrer Mutterrolle ein Übermaß an Fürsorge und Sympathie geleistet zu haben. Und was sie natürlich berechtigte, immer wieder laut nach der entsprechenden Resonanz zu schreien.

Gefühlt würde ich sagen, dies seit der frühen Teenagerzeit so empfunden zu haben. Seit damals habe ich auch mit dem von meiner Mutter ersehnten Resultat zu kämpfen gehabt. Dem schlechten Gewissen. Wobei in dieser Disziplin nicht nur meine Mutter über große Fähigkeiten und Ausdauer verfügte. Ich habe Ähnliches oft auch bei Weggefährten festgestellt. Aber im Fall meiner Mutter würde ich beinahe weltmeisterliche Qualitäten attestieren.

Die Frage, ob finanzielle Zuwendung genug Grund ist, um Dankbarkeit erwarten oder sogar einfordern zu können, dürfen oder sollen, diese Frage war nicht vermittelbar.

Noch unvermittelbarer war – stellt man alle monetären Aspekte einmal zur Seite – die Frage nach anderen Gründen für eine so vehement eingeforderte Dankbarkeit.

Ich habe diese Frage ohne den wahrscheinlich angemessenen

Respekt hin und wieder gestellt, aber nur Erstaunen und im besten Fall ein ungläubiges „das meinst du ja wohl nicht im Ernst?!" geerntet. Selbst die ehrliche und nicht vorwurfsvoll gemachte Feststellung, dass ich zu keinem Zeitpunkt meines Lebens den Eindruck gehabt hätte, dass meine Mutter mich wirklich und auch nur ansatzweise zu verstehen versuchte, konnte daran etwas ändern. Denn eigentlich ging es meiner Mutter immer nur um eines – um ihre Sicht und ihre Gefühle. Nicht nur, was ihr eigenes Leben, ihre eigenen Gedanken und die eigenen Gefühle betraf, sondern eben auch die ihrer Kinder. Wie gesagt – völlig unvermittelbar.

Das Resultat ist in diesem Fall ein ähnliches Verhaltensmuster, wie es mein Vater an den Tag gelegt hatte. Nicht diskutieren, schweigen. Mit dem kleinen Unterschied, dass ich darin einfach nicht gut genug bin. Ganz im Gegensatz zu meiner Schwester, die das Dankbarkeits-Gen in hohem Maße geerbt hat. Und die entsprechenden Nebenwirkungen leider intensiv abbekam. Aber auch ich kämpfte ab und an trotz aller Vorsichtsmaßnahmen und trotz besseren Wissens mit Mutters wirksamstem Geschütz – dem schlechten Gewissen. Es war wahrscheinlich der sehr dünne Rest eines Bindemittels, das mich auch daran hinderte, mich vor ihrem Tod endgültig und ohne Kompromisse „abzunabeln".

Geld, Gefühle, Dankbarkeit und schlechtes Gewissen ergeben meiner Erfahrung nach eine Mixtur, die hochkomplex und nur selten produktiv und sinnstiftend wirkt. Mein Vater hatte wohl deshalb sowohl den Anspruch an Dankbarkeit als auch jenen an das schlechte Gewissen völlig aus seinem Anforderungsprofil an den Nachwuchs verbannt.

POLITISCHE BILDUNG

Ich habe am Anfang dieser Ausführungen erwähnt, dass mein Vater ein ganz und gar apolitischer Mensch war. Je mehr ich darüber nachdenke, desto mehr Zweifel kommen mir dazu in den Sinn.

Parteipolitisch war mein Vater zwar nie fassbar. Zumindest nicht für mich. Und ich weiß auch bis heute nicht, welche Partei er im Normalfall gewählt hat.

Aber auf anderen Ebenen, die ich trotz meines Studiums der Politikwissenschaften erst spät als politisch erkannte, hat er recht klar Position bezogen. Es war nur schwer, als Jugendlicher daraus Schlüsse zu ziehen.

Da war zum einen der trotz aller nach außen hin kommunizierter parteipolitischer „Neutralität" klare Grundsatz, der Wahlpflicht immer und uneingeschränkt nachzukommen. Das war wahrscheinlich auch das einzige „Vermächt-

nis" meines Vaters im politischen Sinne: „Geh wählen!"
Egal wen, egal was, egal zu welchem Anlass. Das politische
Geschehen via Passivität ausschließlich anderen zu über-
lassen, das kam nicht infrage. Dafür galt aber auch das
Wahlgeheimnis der Familie und den Kindern gegenüber.
Uneingeschränkt.

Ein anderes, ebenso nie explizit ausgesprochenes State-
ment politischer Natur gab mein Vater immer wieder
durch die vorgelebte Abneigung, Obrigkeiten (wie der
gelernte Österreicher zu sagen pflegt) den üblichen Gehorsam zu bezeugen.

Doch damit war er eher die Ausnahme als die Regel unter
seinen Altersgenossen. Ich konnte das lange Zeit nicht
explizit erkennen und wertschätzen. Aber ich bin mir
sicher, dass diese Einstellung meines Vaters eine war, die
mich unauslöschlich geprägt hat. Danke, Papa!

Andererseits hat er mich aber auch nie dazu motiviert,
mich wirklich einzumischen. Nicht, weil es ihm, wie meiner Mutter, zu riskant erschienen wäre, unangepasst oder
wider den damaligen Mainstream zu agieren. Nein, es war
ihm einfach nicht wichtig genug.

Systemkritik war per se etwas, was erst einmal ihm
zustand. Wir hatten dazu in der Jugend qua Erfahrungs-
mangel aus seiner Perspektive keine oder nur sehr einge-
schränkte Befugnis.

Ich war aber schon in meiner Schulzeit ziemlich aufge-
schlossen, besonders was einen sinnstiftenden Wider-
stand gegenüber Autoritäten betraf. Und habe das als
Klassen- und Schulsprecher zumindest ansatzweise auch
umgesetzt. Aber zu meinem Erstaunen und wohl auch zu

meiner dezenten Enttäuschung habe ich damit kaum väterliche Lorbeeren geerntet. Ganz zu schweigen von der qua Einstellung ganz und gar ablehnenden Haltung meiner Mutter derartigen Ansätzen von Ungehorsam gegenüber.

Ich kann mich nicht erinnern, jemals eine ernsthaftere und andauernde politische Diskussion mit meinem Vater geführt zu haben. Was spätestens dann schade war, als ich mir sicher war, ihm diesbezüglich auf Augenhöhe begegnen zu können.

DER EINZELSPORTLER

Wir Babyboomer sind vielleicht die erste Generation in unseren Breiten, die sich selbst auch jenseits von Fußballmannschaften, Parteieskorten oder Militärkompanien freiwillig zu Teamplayern erzogen hat.

Die Generation unserer Väter war fast das Gegenteil. Was alleine schon angesichts der Bilder von Massenaufläufen des Dritten Reiches nachvollziehbar ist. Und beim Wiederaufbau den großen Vorteil in sich barg, dass ein permanenter Einzelwettkampf um die besten Plätze stattfand, was danach zum erstaunlich schnellen Auferstehen Deutschlands und mit etwas Verzögerung Österreichs beitrug.

Diese Assoziation mag etwas weit hergeholt erscheinen und ist auch nicht frei von potenziellen Widersprüchen.

Man könnte auch entgegenhalten, dass die Entwicklung einer so ausufernden Vereinsmeierei, wie es sie gerade im Österreich der zweiten Hälfte des 20. Jahrhunderts gab, dem widerspricht. Aber das ist meiner Ansicht nach ein anderes Thema. In den Vereinen und auch den Clubs à la Rotary ging es mehr um eine Plattform für die Inszenierung Einzelner als um das, was wir heute „teamplay" nennen würden. Also ein Zusammenwirken unter Gleichgesinnten. Und auch wenn dies in vielen Bereichen des Lebens seinen Zenit wohl schon wieder überschritten hat, ist zumindest meine Generation stark dadurch geprägt worden.

Fußball, Volleyball, Handball, Basketball. Ich habe im Laufe des Schullebens und Studiums kaum eine Teamsportart ausgelassen. Meinem Vater war all das fremd. Deshalb war wahrscheinlich der einzige Sport, den wir eine Zeit lang aktiv teilten, das Golfen. Für meinen Vater ein idealer Sport, weil man trotz ganz unterschiedlicher Könnensstufen jederzeit in den direkten Vergleich mit Mitspielern gehen konnte, ohne sich näher auf diese einlassen zu müssen. Wobei er auch beim Golfen seine Runden am liebsten alleine zog.

Ich kann mich noch gut erinnern, wie erstaunt bis abschätzig mein Vater reagierte, wenn ich ihm, was selten genug vorkam, von meinem Studienalltag in Salzburg erzählte, der zu guten Teilen von Gruppenarbeit geprägt war. Das galt in noch viel größerem Maße für mein Postgraduate-Studium in den USA.

Für ihn war das eine quasi unerlaubte Erleichterung. Denn eigentlich zählten nur das eigene Lernen und so erreichte Ziel. Zu zweit zu strebern und sich so zu motivieren oder auch zu überprüfen, war das höchste der Gefühle, wenn es um „teamwork" ging. Alles, was darüber hinaus ging, führte in den Augen meines Vaters zu Effizienzverlust und Intransparenz, was die potenzielle Leistungsbeurteilung betrifft. Wenn ich mir heute anhöre, was Kenner der Materie über den unbändigen Leistungswillen und die radikale Ellbogenmentalität chinesischer oder koreanischer Studenten sagen, dann ist das, was wir getan haben, vielleicht schon längst wieder Geschichte. Und der Einzelkämpfer, der sich nur ganz selektiv und zielgerichtet ab und an in eine Teamsituation versetzt, längst (wieder) die Regel. Fußball hin, Eishockey her.

VATERSTOLZ

Früher, oder wie hier später, kommt natürlich auch dieses Thema in einer solchen Vaterbiografie zu seiner Geltung. Und für mich, wie für so viele Altersgenossen, damit auch die Frage, ob ich unter dem so wenig ausgeprägten Zutrauen des Vaters gelitten habe oder vielleicht bis heute noch unter den Spätfolgen leide. Die Antwort ist eher nein als ja.

Natürlich war mein Vater ein klassischer Leistungsfetischist der Nachkriegszeit. Vom eigenen Leistungswillen wie auch Können absolut überzeugt. Und damit a priori in permanentem Zweifel, was die Qualitäten des Nachwuchses in dieser Hinsicht zu bieten haben.
Aber das hat sich niemals in irgendwelchen Zwängen oder in überdimensionalem Druck widergespiegelt, den er mir oder uns hätte angedeihen lassen. Auch kamen ihm

Worte wie „Versager" oder das berüchtigte österreichische „Tachinierer" nie über die Lippen. Was allerdings nichts an der Tatsache ändert, dass er sehr wohl fähig und auch willens war, deutlich zu machen, wie er meine Qualitäten in puncto Leistungsbereitschaft einschätzte.

Ein Zitat hat sich dazu in meinen Erinnerungen besonders deutlich festgesetzt. Und ich gebe es wieder, obwohl es gleich eine ganze Berufsgruppe inklusive potenzieller LeserInnen verunglimpfen könnte: „Wenn es nach deinem Faulheitskoeffizienten geht, dann kannst du eigentlich nur Lehrer werden."

Selbiges stammt aus der Zeit meiner Orientierungsphase nach einem im zweiten Semester abgebrochenen Jurastudium. Das ich allerdings primär begonnen hatte, um meinen Eltern einen Gefallen zu tun und es zu „testen". Im Wissen um die äußerst geringe Wahrscheinlichkeit eines positiven Ausgangs dieses Versuchs.

Trotz quasi überpünktlich bestandenen Abiturs und eines zügigen Studienverlaufs nach dieser Testphase hatte ich nie das Gefühl, jenen Ansprüchen gerecht zu werden, die ich vermeinte, von ihm ablesen zu können.

Nun war das nicht weiter schlimm für mich, zumal, wie gesagt, völlig folgenlos. Trotzdem, zumindest zu gewissen Anlässen dann doch ein klein wenig schmerzhaft. Auf jeden Fall nach meiner Promotion mit dreiundzwanzig Jahren, als ich erkannte, dass auch diese, trotz der Tatsache, dass sie Papa mir lange Zeit ganz offensichtlich nicht zugetraut hatte, kaum etwas änderte.

Als ich mit knapp dreißig Jahren die Sozialversicherungspflicht abstreifte und unternehmerisch tätig wurde, habe ich, retrospektiv betrachtet, wohl auch eine Art von minimaler Respektsbekundung seinerseits erwartet. Fehlanzeige. Vielleicht lag das aber auch einfach daran, dass er mit meiner Berufswahl und der für ihn so fremden Welt der Werbung nur wenig anfangen konnte.

Ein Trostpflaster gab es dann aber eines Tages doch. In Form eines recht dezenten, aber inhaltlich doch klar anerkennenden Kommentars. Dazu musste ich nur das Angebot ausschlagen, einen hoch dotierten, halbstaatlichen und sehr politischen Spitzenjob in Österreich anzunehmen. Was ich tat, weil ich in der letzten Phase eines längeren Prozesses erkannt hatte, wie wenig ich auch in einer solchen Spitzenposition bereit war, mich langfristig starren und vor allem politischen Strukturen unterzuordnen und abhängig zu machen. Und genau das war es, was meinen Vater tatsächlich beeindrucken konnte. Zumal ich ihm damals sogar den ausformulierten Arbeitsvertrag – zum Zweck der juristischen Prüfung – geschickt hatte und er daher auch wusste, worauf ich verzichtete.

Es war wohl das einzige Mal, dass ich bei ihm so etwas wie „Vaterstolz" zu verspüren meinte. Auf der Suche nach Erklärungen für solche und andere „Leerstellen" in einer Vater-Sohn Beziehung stößt man natürlich schnell auf die Frage, wie es dem Vater selbst ergangen ist. Und obwohl es in seiner Beziehung zum Vater, dem Wirt, gänzlich anders aussah, was Erwartungshaltung wie auch generelle Leistungsbereitschaft betrifft, kann ich mir nicht vorstellen, dass er jemals große Respektbekundungen erfahren hat. Und das, obwohl er von sehr jungen Jahren an höchst selbstständig war und lange vor dem Abitur beziehungsweise der Matura praktisch auf eigenen finanziellen Beinen stand. Auch bin ich heute der Überzeugung, dass dieser ausgeprägte Leistungswille begleitet wurde von ebenso ausgeprägten wie überdeckten oder verdrängten Minderwertigkeitsgefühlen. Denn die gravierenden eigenen Defizite in diesem Bereich waren ihm wohl durchaus bewusst.

WIE GEHT ES DIR?

Eine sehr einfache Frage. Möchte man meinen. Insbesondere zwischen Eltern und Kindern.

Sie wurde auch in unserer Familie das eine oder andere Mal gestellt. Allerdings eher beiläufig. Eher aus Gewohnheit. Oder weil man damit dezent sein Gewissen beruhigen konnte. Das gilt im Übrigen durchaus vice versa.

Ich habe jedenfalls immer wieder, und dann und wann auch schmerzlich, festgestellt, dass es bei dieser Frage, so sie denn gestellt wurde, um ein Alibi ging. Denn spätestens wenn sie mit dem üblichen „passt schon" beantwortet war, war der Fall erledigt.

Vor allem mein Vater begnügte sich sehr gerne damit. Was irgendwie verständlich war, denn jedes Nachstoßen barg ja die Gefahr in sich, zu sehr Anteil an den Gefühlswelten der Kinder nehmen zu müssen. Und das war nichts Erstrebenswertes.

Dieses Verhalten galt auf etwas unterschiedliche Weise auch für meine Mutter.

Was zum einen natürlich dazu führte, dass ich mich vor allem zeit meiner Jugend vollkommen unverstanden fühlte und schon bald jegliches Seelenheil fernab der Familie suchte. Weshalb auch der Löwenanteil meiner Sozialisierung eindeutig im Freundeskreis vonstattenging.

Zum anderen führte es leider auch dazu, dass die eigene Empathie den Eltern gegenüber und der Wille wie auch die Fähigkeit, sich in ihre Verfassung hineinzuversetzen, weitgehend verloren gingen. Was dann auch mit sich brachte, dass ich mich bis zuletzt schwer dabei tat, meiner sehr betagten und alleinstehenden Mutter ein Mindestmaß an Fürsorge oder Goodwill angedeihen zu lassen.

Da gab es doch noch so einen beliebten Spruch meiner Elterngeneration mit dem Säen und dem Ernten. Leider wurde der primär auf ganz andere Bereiche bezogen, wie zum Beispiel die schulische Aussaat und die finanzielle Ernte.

SCHLUSSAKKORD

Ehrlicherweise habe ich mich hier in erster Linie bemüht, meinem Vater und ein wenig auch mir selbst gerecht zu werden. Und deshalb nimmt dieses kleine Werk auch kaum Rücksicht auf andere. Womit ich mich ausdrücklich bei all jenen entschuldige, welche die eine oder andere Stelle irritieren, verärgern oder aus der Fassung bringen könnte. Was natürlich primär Mitglieder aus dem kleinen Kreis meiner Herkunftsfamilie betreffen wird. Entschuldigt, aber es geht leider nicht anders. Und nichts darin gibt meiner Meinung nach Anlass, meinem Vater, meinen Eltern, mir selbst oder sonst jemandem etwas vorzuwerfen oder zu verzeihen. Es war, wie es war, und es ist, wie es ist. Wir alle können – im besten Fall – nur versuchen, unseren Frieden mit dem War und dem Ist zu finden. Und was meinen Vater betrifft: Er war wunderbar. Ich hatte und ich habe ihn sehr lieb!

Danke, Papa.